DANSER
avec la vie

Données de catalogage avant publication (Canada)

Gaboury, Placide

    Danser avec la vie

    (Collection Spiritualité)

    ISBN 2-7640-0417-6

    1. Vie spirituelle. 2. Illusions. 3. Liberté – Aspect religieux. I. Titre.
II. Collection.

    BL624.G323 2002   291.4'4   C2001-941790-X

LES ÉDITIONS QUEBECOR
7, chemin Bates
Outremont (Québec)
H2V 1A6
Tél.: (514) 270-1746

©2002, Les Éditions Quebecor
Bibliothèque nationale du Québec
Bibliothèque nationale du Canada

Éditeur: Jacques Simard
Coordonnatrice de la production: Dianne Rioux
Conception de la couverture: Bernard Langlois
Illustration de la couverture: SuperStock
Révision: Sylvie Massariol
Correction d'épreuves: Francine St-Jean
Infographie: Claude Bergeron

Nous reconnaissons l'aide financière du gouvernement du Canada par l'entremise du Programme d'Aide au Développement de l'Industrie de l'Édition pour nos activités d'édition.

Gouvernement du Québec – Programme de crédit d'impôt pour l'édition de livres – Gestion SODEC.

Imprimé au Canada

DANSER
avec la vie

PLACIDE GABOURY

LES ÉDITIONS
Quebecor
QUEBECOR MEDIA

TABLE DES MATIÈRES

CHAPITRE

1

DE L'ILLUSION À LA LIBERTÉ: QUELQUES PAS DE BASE

Et je chantais dans mes chaînes comme la mer.
Dylan Thomas, poète gallois

Au point de départ, on peut dire que la liberté n'existe pas comme telle: seules existent des personnes libres. La liberté est une abstraction, tout comme le bonheur ou la fraternité. Et c'est justement parce que ce concept est si flou qu'il ouvre la porte à toutes sortes d'excès et de fausses conceptions. S'il est en effet facile de s'entendre sur ce qu'est une livre de beurre, une auto ou un chat, on ne peut en dire autant de ce qu'on ne voit pas. Car la liberté est une idée qui loge dans l'esprit: on ne la voit pas se promener en mini-jupe dans la rue!

C'est d'ailleurs parce qu'elle n'existe pas en tant que chose tangible que tant d'humains la recherchent toujours comme un but lointain presque inaccessible, comme un trésor envié, et ils sont prêts à tout faire pour l'obtenir. Si donc nous cherchons tous cette chose insaisissable, ne serait-ce pas parce qu'au fond de nous se cache une semence, un germe de cette liberté qui ne demande qu'à se réaliser? Ne serions-nous pas faits pour être libres un jour, c'est-à-dire pour *devenir* libres?

Le premier pas vers la liberté: l'éclatement

La quête de liberté commence donc, comme pour toute autre semence, par une pousse modeste et fragile. Par exemple, au début, nous voulons simplement être libres de ce qui nous dérange, nous irrite ou nous enferme, comme le bébé qui rejette le «non, pas ça» de maman. On veut ainsi se débarrasser de tout ce qui gêne et inhibe. Il s'agit, bien sûr, d'une liberté minimale. *Le premier pas vers la liberté consiste donc à nous débarrasser de ce qui empêche notre éclatement absolu.*

C'est ainsi que le prisonnier rêvera d'être libéré de la prison, l'écolier de commencer ses vacances, l'employé de prendre congé et le pdg d'échapper aux impôts. L'épouse malheureuse, elle, cherchera le divorce et l'obèse, la perte de poids. Enfin, les jeunes voudront se débarrasser des vieux pour refaire le monde à leur tour, alors que ceux-ci fuiront leur ennui et leur désœuvrement. On pourra même se croire libre du fait qu'on se promène tout nu!

C'est du reste le même désir de liberté que celui qui anime les révolutions et les soulèvements populaires: tous ces gens exigent la liberté absolue et immédiate. Ils veulent se débarrasser de tout ce qui les emprisonne et les exaspère et ils sont prêts à tout saccager pour y arriver. Telles ont été les révolutions française, russe, chinoise et cubaine. Et comme il arrive dans ces situations, les revendicateurs se révéleront à leur tour les pires tyrans. Au fond, ils ne veulent pas la vraie liberté, car celle-ci exige une grande responsabilité. Ce qu'ils cherchent, c'est la révolte adolescente pure et simple, sans avoir à en assumer les conséquences.

Mais une fois libérés du travail, de la prison, du partenaire, de l'autorité ou encore de nos vêtements, sommes-nous vraiment libres?

Il y a quelques années, un documentaire français nous présentait une colonie de naturistes se prélassant sur une plage de la France. À vrai dire, ce n'était pas un simple reportage, mais un film de propagande voulant nous montrer qu'on ne peut être libre que nu. (Va encore pour un pays chaud, mais dans l'hiver canadien, c'est moins que convaincant!) On nous montrait donc des gens à poil qui, comme des enfants innocents, dansaient gentiment en rond en se tenant par la main (comme dans les films hitlériens avec ses beaux Aryens blonds et purs). Pas un couple ne dansait face à face et encore moins collé. Et pourquoi? À cause du tabou qui défend à tout prix d'éveiller la passion sexuelle. Voyez-vous ça, une érection grand format dans une propagande pour le naturisme! Mais ce tabou du contact nous révélait la vraie réalité: ils n'étaient pas plus libres nus qu'habillés. Il restait toujours les complexes et les codes moraux — les pulsions sexuelles que rien n'arrête. En effet, nudité n'égale pas transparence. Le corps peut être à nu, mais l'esprit se cache derrière un feuilleté de non-dits et de mensonges.

Le deuxième pas vers la liberté: la conscience des limites

Se proclamer libre en enlevant ses vêtements est réellement de la même inspiration que les grandes révoltes: on conçoit la liberté comme le fait de se débarrasser de tout ce qu'on n'aime pas et qui restreint notre expression, notre expansion. Pourtant, on sait très bien qu'on ne peut se promener nu n'importe où n'importe quand, même après la «libération sexuelle». Comme on ne peut conduire ou garer son auto comme on l'entend lorsqu'on circule en ville. Notre liberté est toujours conditionnelle, limitée par d'autres considérations — par les exigences de ceux qui nous entourent de même que par les lois de la nature et de la vie.

Cette prétention d'une liberté qui serait chose facile et illimitée vient peut-être de la croyance que l'on naît libre et que, par conséquent, c'est là un droit inné. Cela nous vient de l'Amérique, qui a enchâssé cette prétention dans sa constitution et qui, en tant que pays, s'avère pourtant si peu libre — si dépendante de son arrogance, de sa violence et de son moralisme puritain.

Le bébé, dans sa candide nudité, ne connaît pas la contrainte, donc pas davantage la liberté.

En fait, il ne connaît rien du tout; il vit d'instinct, de spontanéité et d'insouciance. Il ne connaît pas encore de règles ni de restrictions. Il ne verra une première lueur de ce qu'est la liberté et de son prix qu'au moment où sa mère lui défendra quelque chose. C'est alors que naîtra en lui le *désir* d'être libre.

Nous voici donc arrivés au deuxième pas menant à la liberté, qui consiste à prendre conscience des contraintes qui s'y opposent.

On commencera ainsi par croire qu'être libre ne dépend que de soi-même et qu'il ne peut (ne doit) y avoir d'obstacles à sa liberté. Mais, à mesure qu'on croît et mûrit, on découvre que l'on est toujours deux dans l'aventure de la liberté: soi-même et la vie; soi-même et les lois de la nature; soi-même et les autres.

Toute liberté qui se veut humaine est limitée. Elle ne peut être humaine sans cela — elle deviendrait alors pure tyrannie et destruction. Et les contraintes par lesquelles elle se forme et grandit sont de deux sortes, extérieures et intérieures.

La nature

Par ses lois, la nature nous impose des contraintes dont nous ne pouvons nous défiler. On est, par exemple, libre de sauter en l'air, mais on sera obligé de redescendre. On est libre de manger ce qui ne convient pas à l'organisme, mais on devra faire face aux douleurs qui suivent. On peut aussi s'enivrer et se droguer à l'excès, mais le corps (qui comprend le cerveau) finit toujours par écoper. Enfin, on est libre de tuer son ennemi, mais pas d'avoir à en payer le prix. Choisir d'être libre, c'est justement en accepter la responsabilité.

La société

La société, elle aussi, nous oblige à tenir compte de quelques lois essentielles. Pour mieux comprendre l'importance de ces règles, reprenons un des symboles les plus séduisants de la liberté: l'auto. Si les finances le permettent, on est libre d'acheter une voiture, mais on ne l'est pas de se garer où l'on veut ni d'enfreindre les lois de la circulation qui ont cours à la campagne comme à la ville.

On ne peut non plus forcer quelqu'un à nous aimer, ou dominer quelqu'un et s'en faire un esclave, pas plus qu'on ne peut blesser sérieusement sans en ressentir le contrecoup. Il y a aussi les restrictions qui viennent de la proximité des voisins, de leur besoin de tranquillité et de vie privée, en plus des règles de civisme et de politesse qui gèrent les rapports entre individus, la propreté et la bienséance.

Quand donc on veut exercer sa liberté, on se heurte inexorablement à des oppositions. Dès qu'on est vivant et actif, dès qu'on se trouve en groupe, en public, en véhicule ou qu'on exerce une fonction comportant risques et périls pour soi, les autres ou la nature, on est face à des restrictions. Au *oui* qui s'affirme, répond toujours un *non* qui s'oppose.

Le corps

La vie nous fournit un corps aussi merveilleux que limité, de l'extérieur comme de l'intérieur. Notre énergie, nos allergies, notre tempérament, nos talents et nos goûts, notre sexualité et nos élans créateurs, sans compter la durée de notre vie, voilà autant de contraintes qui nous sont imposées par la vie. Toutefois, on n'a pas à en être gêné ni frustré si on reconnaît la situation et qu'on l'accepte. C'est vraiment là que s'exerce la liberté. Si on refuse, ce sera l'autopitié pour soi, la révolte contre la vie et l'envie à l'égard des autres. En somme, plutôt que d'être des obstacles, ce sont les contraintes qui nous permettent la liberté et la croissance!

L'Univers

La nature qui nous entoure est également régie par des comportements que l'on appelle lois: la gravité, la photosynthèse, le cycle des saisons, l'équilibre entre prédateurs et proies, les lois de l'optique, de l'électricité et de la relativité. On ne joue pas avec ces données, on ne peut que s'en réjouir! Comme nous ne faisons pas tout ce que nous voulons de notre corps — même en étant un virtuose du trapèze —, nous sommes également liés par rapport à l'Univers: nous ne faisons pas venir la pluie ni l'éclipse par la prière, nous n'exerçons aucune influence sur la température ou le climat, pas plus que sur la longueur des jours, l'abondance des étoiles, des récoltes, des cataclysmes ou sur la vitesse de la Terre et l'influence de la Lune.

Par conséquent, nous sommes contraints de toutes parts par les conditions de la vie, les règles de la société et les lois de la nature. Mais lorsque nous accueillons notre corps, notre vie et celle qui nous entoure, nous pouvons nous moquer royalement d'être liés par des contraintes et des conditionnements, puisqu'ils nous permettent d'être libres, d'une liberté humaine, limitée de l'extérieur, mais intérieurement pleine d'énergie, d'imagination et de créativité.

Il y a donc un premier pas menant vers la liberté, comme nous le montre l'enfant qui veut être libre des contraintes imposées par la mère. Il y a ensuite la découverte des contraintes imposées par son propre corps, la vie, la société et la nature, que l'on finit par accepter, si l'on veut être libre plutôt que de souffrir inutilement. Finalement, le dernier seuil ouvrant sur la liberté est caractérisé par la reconnaissance de contraintes que nous nous sommes créées et que nous entretenons secrètement. Nous sommes appelés à reconnaître et à accepter ces conditionnements pour un jour nous en libérer[*].

Le troisième pas vers la liberté: la reconnaissance des conditionnements

Mûrir — croître —, c'est comprendre qu'on ne peut être libre sans avoir reconnu et assimilé les contraintes de la vie auxquelles ne peut échapper quiconque aspire à devenir pleinement humain. Une fois que nous nous sommes aperçus que rien de l'extérieur ne pouvait nous libérer, nous sommes prêts à connaître la vraie liberté. Nous reconnaissons ce qui nous faisait justement croire

---

[*] Nous verrons en détail ces contraintes et ces conditionnements un peu plus loin.

que nous arriverions à être libres au moyen du monde extérieur, c'est-à-dire que nous prenons conscience de nos illusions, de nos prétentions, de notre méconnaissance de nous-mêmes.

On s'aperçoit finalement que c'est seulement en se reconnaissant soi-même que l'on pourra se libérer. Il s'agit de mettre le doigt sur ses motivations, ses attentes secrètes, ses croyances et ses façons subtiles de se mentir en se disant qu'on est autre que ce que l'on est et en se faisant passer pour tel. Voilà des attitudes qui font écran à la liberté.

Parmi les croyances que nous entretenons secrètement, se trouvent celles de la religion. En effet, comme la liberté est un processus de croissance, elle apparaît lorsqu'on abandonne ses croyances naïves à des figures parentales qui nous prendraient en charge afin de nous sauver. La religion maintient toujours ses fidèles — même ses théologiens et ses évêques — dans la soumission aveugle, sans possibilité de remise en question, de démocratie, de syndicalisme ou de critique ouverte, qui seront autant d'attitudes perçues comme un manque de foi, comme du «mauvais esprit» ou encore comme des manifestations de l'Esprit du Malin.

Les religions tirent leur force non pas de la véracité de leurs doctrines, mais de la peur qu'elles inspirent et qui nourrit l'obéissance aveugle de leurs fidèles — la peur de perdre son âme pour l'éternité. Cette peur est encadrée dans un système à l'épreuve de tout, la pyramide féodale, fondée sur une prétendue révélation — un tissu de mythes sans plus de fondement que les contes de fées — qui fait de sa hiérarchie des représentants directs de Dieu, c'est-à-dire, en pratique, ses remplaçants. Les chefs de religion, comme les gourous des sectes, ont en effet tendance à se prendre pour Dieu. Ils sont envoûtés par leurs prétentions.

Dans un tel éclairage, il est ironique d'entendre l'Amérique proclamer sa liberté, elle qui est une des nations les plus emprisonnées dans les croyances religieuses et la prétention à la rectitude absolue — *self-righteousness*. Mais tout s'explique lorsqu'on se souvient que ce pays a été fondé par un groupe de puritains arrivés en Nouvelle-Angleterre sur le *Mayflower*, avec l'intention de pratiquer librement leurs croyances et, surtout, d'y être farouchement fidèles!

On commencerait donc à se libérer de ses prisons intérieures — dont les barreaux sont pré-jugé, croyance et naïveté —, lorsqu'on accepte-rait ce que l'on est vraiment: un être conditionné dans son corps comme dans son esprit.

C'est le troisième pas menant à la liberté, qui consiste à accepter ses conditionnements inté-rieurs, pour ensuite s'en libérer.

Ce qui nous permet d'en arriver là, c'est la sagesse qui se cache au fond de nous, ce «je ne sais pas» silencieux qui permet d'écouter, d'ap-prendre, de croître et, ainsi, de rester fidèle à sa voie. C'est par la sagesse de l'âme que nous sommes attirés ou poussés à être libres, à surpasser les apparences, les mouvements et les modes. En lui faisant confiance plutôt que d'écouter les mar-chands de bonheur et les autres manipulateurs, nous pouvons davantage être libérés du passé, autonomes par rapport aux autres et pleinement présents à la vie qui se déroule.

En considérant l'aventure de croissance qu'est la liberté, pas étonnant qu'il y ait si peu de personnes libres en ce monde et tant de gens qui ne le sont pas! Toute cette masse grouillante d'individus qui se vantent de l'être en soumettant ou en servant les autres, en ne suivant que leurs penchants (qu'ils appellent leur «destin»), empêchant les autres d'être libres du fait qu'ils ne veulent pas l'être eux-mêmes. Car, en définitive, peu de gens veulent vraiment être libres. Ils préfèrent, en brandissant leur drapeau, crier «liberté!» et continuer de vivre dans le rêve, en dépendant toujours de quelqu'un, d'une substance ou d'une religion.

De fait, on ne s'improvise pas Socrate, Bouddha ou Mandela, mais il faut danser longtemps au milieu des contraintes avant de s'en rendre compte.

La liberté n'est pas donnée à la naissance. Ce qui est donné par la vie, c'est la capacité de devenir libre un jour. Mais, comme on l'a vu, on n'est pas libre du fait qu'on veuille se débarrasser de ses chaînes; il faut plutôt apprendre à reconnaître celles-ci, à les accepter suffisamment pour en faire ses complices, ses aides, ses moyens d'avancer. Et avancer, c'est découvrir qu'on commence par être soumis, dépendant, piégé — illusionné. Ce n'est qu'en reconnaissant les pistes menant vers une fausse liberté que l'on peut découvrir la véritable. Ceux qui nous font miroiter de fausses libertés nous rendent donc service, puisque ce barrage d'illusion est une étape incontournable. Comme nous le verrons dans les chapitres qui suivent, la liberté est finalement une grande désillusion.

CHAPITRE

2

LE RÊVE AMÉRICAIN: UN BEAU MIRAGE

Pas de Libérateurs, seulement des SAIgneurs.

Tous les rêveurs, tous les idéalistes, tous ceux qui cherchent de l'aventure, des sensations fortes, de la richesse ou du succès ont pensé un jour à l'Amérique[*]. En tant que réservoir de créativité et de possibilités, elle se propose comme LE modèle à suivre, comme LE pays de la liberté. C'est un monde de rêve qui contient plusieurs mythes:

---

[*] Par Amérique, j'entends ici les États-Unis.

- l'argent fait le bonheur;
- l'Amérique est invincible;
- c'est le pays de l'espoir et de la liberté;
- la religion est le fondement de son succès.

L'Amérique mythique

L'argent fait le bonheur

Un regard sur le monde qui nous entoure montre clairement que la soif d'argent anime la plupart des gens. C'est en grande partie sur ce désir insatiable que repose le rêve de bonheur américain. On y veut toujours plus: *«More is better»*, *«All that money can buy»*, *«You can have it all»*. Car pour l'Amérique fondée par les puritains, la richesse et le succès sont signes que Dieu est avec elle. Cette bénédiction du riche est une notion protestante qui favorise la richesse contre la pauvreté et qui a grandement contribué à maintenir — à élargir même — le fossé entre riches et pauvres.

On croit non seulement que la richesse peut rendre heureux et libérer de la souffrance, mais aussi que nul ne peut être heureux s'il ne possède que le nécessaire. Il lui faut jouir du superflu, de la surabondance — deux autos, deux maisons, un compte bancaire solide, une *nite-life* crous-tillante, des vacances en villégiature, des voyages coûteux. Il semble même impensable que l'argent puisse empêcher d'être heureux.

À tout prendre, le rêve américain qui nous a tous *enfirouâpés*, s'avère être avant tout une ruée vers l'or. On n'a qu'à regarder *Who Wants to Be a Millionaire?*, *The Weakest Link*, *Jeopardy*, *The Price Is Right* et autres émissions télévisées du genre pour s'apercevoir que l'accumulation de la richesse est, pour l'Américain moyen, une obsession, presque une quête sacrée.

Pourtant, ce qu'on cherche vraiment derrière l'argent, c'est le pouvoir. Celui-ci peut en effet donner l'impression d'être heureux, sinon, il peut au moins écarter les indésirables — autant les personnes que les situations. Il permet d'influencer les gens importants, d'obtenir des faveurs politiques et autres, de changer le cours de certains événements, de devenir célèbre, de passer dans les médias quand on se marie, se remarie ou se fait baptiser! Cela peut toujours nous occuper en attendant le bonheur, qui, lui, ne cède jamais aux ordres du pouvoir.

L'invincibilité

Tout le monde sait que l'Amérique, comme tous les empires déjà disparus, a toujours été assoiffée de pouvoir. Son ambition secrète est de dominer le monde. Elle vit à fond le complexe olympique. C'est du reste sa prétention à l'invincibilité qui lui permet de croire qu'elle dispose de la «formule gagnante». Pourtant, l'Amérique s'est attiré et mérité l'attentat du 11 septembre, qui n'était qu'une puissante riposte à son demi-siècle de violence dans le monde — Nicaragua, Vietnam, Iraq, Bosnie, Turquie, Soudan, Liban.

Mais sa puissante propagande lui permet de faire oublier ce passé, pour n'évoquer avec force insistance que son courage actuel, sa grandeur et sa vertu, faisant ainsi accroire à son peuple et même à ses ennemis qu'elle est innocente et transparente!

La liberté

L'Amérique se perçoit — et est largement perçue — comme le pays de la liberté. «*Land of the Free*», clame son hymne national. Le pays où on est libre de s'exprimer et de critiquer, de se lancer dans toutes sortes d'aventures et d'entreprises, de poursuivre à sa façon le bonheur — «*the pursuit of happiness*» promet la Constitution.

La religiosité

L'Amérique voit sa réussite surgir en grande partie de sa religion, de sa morale, de sa conviction de posséder la vérité et d'être, pour cela, destinée à enrayer le mal dans le monde. Comme le proclamait son président, le 14 septembre 2001: «*We must rid the world of evil.*» (Nous devons débarrasser le monde de tout mal.) Ce pays n'a pas quitté son scénario de western, où les bons (portant chapeau blanc sur cheval blanc) écrasent les méchants, de noir vêtus.

«For God and Country» proclament les forces armées de l'Amérique — qui tirent leur énergie de leurs bombes et de leurs slogans scandés, plutôt que de leur vie intérieure. En effet, l'Amérique croit que ses infiltrations cavalières en pays étranger, les protections qu'elle leur impose en y installant ses bataillons, ses investissements, ses exploitations minières et pétrolières, ses ventes d'armes (souvent retournées contre elle-même), ses magouilles avec les cartels, que tous ses exploits arrogants et prétentieux sont justifiés par le fait qu'elle est réellement le représentant et le défenseur de Dieu, le garant du droit, de la justice et de la vertu.

L'Amérique ne veut pas reconnaître ses torts, ses invasions meurtrières, ses défaites au Vietnam, en Corée et son raté en Iraq. Elle pense avoir toujours raison, et si on tente de la punir de son inconcevable arrogance, elle voit ça comme de la pure méchanceté. En effet, pourquoi voudrait-on attaquer ou détruire la plus grande nation? L'Amérique ne veut pas se reconnaître, elle est envoûtée par son importance. Elle n'est pas libérée de ses illusions.

Lorsqu'on est arrogant, souverainement puissant et que l'on se croit invincible, on attire l'envie et la vengeance, surtout si certains qui nous regardent se sentent maltraités ou humiliés par cette prétention. L'Amérique ne veut pas comprendre pourquoi on voudrait la blesser et comment on pourrait lui en vouloir. Elle refuse de regarder et d'accepter la réalité: elle n'est plus invincible et ne l'a jamais été, sauf dans sa tête. Elle est menacée justement parce qu'elle s'est crue invincible.

On lui souhaiterait la sagesse de reconnaître qu'elle ne peut gagner contre ce qu'elle appelle «le mal» — le terrorisme —, puisqu'il est insaisissable, fuyant, caché, et qu'il peut se trouver au sein même de l'Amérique, au milieu de ses villes, dans ses rues.

On ne peut détruire le mal, puisque ce n'est ni quelqu'un ni quelque chose, mais plutôt cet aspect en l'Homme que l'on refuse de regarder: son ombre, ses limites, ses dénis, ses mensonges. On refuse sa place modeste dans le monde et l'histoire, on refuse d'être ce que l'on est vraiment. Vouloir s'attaquer au mal, même en lui donnant un visage moyen-oriental, c'est ne pas se reconnaître soi-même, puisque ce désir de vengeance a précisément le même visage que celui qu'on pourchasse*.

L'autre Amérique

La violence

Pourtant, l'Amérique est aussi le pays où il y a autant d'armes que de citoyens, où l'on exécute encore des condamnés, où le racisme gronde toujours, où l'abîme entre riches et pauvres s'élargit de jour en jour et où même les enfants peuvent s'armer. C'est un pays où, désormais, la suspicion à l'égard d'ennemis potentiels va s'accroître graduellement, peut-être même jusqu'à créer une sorte d'état policier semblable à ceux des nazis et de l'Europe de l'Est.

---

* Toutes ces questions touchant la violence, la paix, le terrorisme auxquelles l'Amérique est de plus en plus mêlée, feront le sujet de mon prochain livre aux Éditions Quebecor.

La propagande tentaculaire

Noam Chomsky, un des grands critiques de l'Amérique, dit de son pays qu'il est «une super-puissance terroriste dont les médias sont les instruments de propagande[1]». En effet, chaque citoyen moyen de l'Amérique subit en un jour l'assaut d'environ 3 000 pubs — à la télé, à la radio, par les pancartes routières, les néons de la rue, les t-shirts, les baskets, les journaux et les magazines, les devantures de boutiques, etc. L'Amérique envahit le monde de ses produits de consommation. Même ici, au Québec, nous sommes envahis surtout par la mentalité américaine, à travers ses produits et ses gadgets, en tout cas certainement plus que par les anodins Canadiens anglais.

Plusieurs études ont montré «le caractère de plus en plus toxique de la culture nord-américaine. Elles indiquent que les toxines culturelles ont désormais atteint des niveaux dangereusement élevés, expliquant les fusillades dans les lycées, la hausse vertigineuse de la consommation de substances psychotropes légales ou illégales, les problèmes croissants d'obésité et de maladies psychosomatiques, les éruptions de violence dans les endroits publics, ainsi que le sentiment général de cynisme et de désespoir baignant notre culture. [...] Le rêve américain lui-même pourrait être l'une des causes de la détérioration de notre santé mentale[2]».

Et David Byrne, commissaire européen responsable de la santé et de la protection des consommateurs, renchérit en ces termes: «L'augmentation du bien-être matériel n'entraîne aucune amélioration de la santé mentale. Au contraire, la mondialisation paraît semer la dégradation mentale dans son sillage[3].» Et finalement, Bruce Alexander, psychologue canadien, affirme ce qui suit: «C'est la toxico-dépendance de masse qui se trouve mondialisée, en même temps que la langue anglaise, Internet et Mickey Mouse[4].»

La mondialisation

L'Amérique s'est tellement répandue sur le monde que l'idée de globalisation et de mondialisation lui est venue tout naturellement, comme une conséquence inévitable de son expansion et de ses ambitions. Au fond, elle voudrait que le monde soit unifié par le commerce et l'information, mais unifié autour d'elle et par elle.

La mondialisation, en annulant les frontières nationales par le monde, va uniformiser l'économie en faveur des pays riches, au détriment de l'individu et des pauvres. Par exemple, comme elle s'aperçoit que les solutions aux effets du gaz carbonique lui coûteraient trop cher, l'Amérique, qui est l'une des grandes responsables en ce domaine, évite de regarder le problème en face et «se fout du monde entier». En effet, «malgré leurs beaux discours, le destin des plus pauvres n'est plus pour les membres du G7 qu'une question marginale, leur principale préoccupation étant pour les uns le profit et pour les autres la victoire aux élections dans une société d'abondance[5].»

«Comme pour le communisme, la grande force de la mondialisation réside dans la profonde conviction de ses partisans que l'Histoire est de leur côté. Ceux qui par conséquent s'y opposent sont [perçus comme] ignorants, mauvais et ennemis du peuple. Ceux qui en pâtissent ce ne sont que des victimes regrettables, mais nécessaires pour le bien de tous[6].»

La mondialisation ne libérera pas les pauvres de leur misère; elle libérera plutôt les pays riches de leurs responsabilités à l'égard des pauvres, des petits groupes et des individus.

Pas plus qu'ailleurs, il n'y a pas ici de Sauveurs, seulement des **Sai**gneurs.

Notes

1. Noam Chomsky, *in* John Horton, *The End of Science*, New York, Broadway Books, 1996, p. 150. (Traduction libre)

2. *Courrier International*, n° 559, du 19 au 25 juillet 2001, p. 38.

3. *Ibid.*

4. *Id.*, p. 39.

5. «Arrêtez de compter vos dollars», *Courrier International*, n° 561, du 2 au 22 août 2001, p. 32.

6. «Une nouvelle forme de colonialisme», *Courrier International, id.*

CHAPITRE

3

LA SCIENCE, UN MIRAGE DANS UNE IMPASSE

De la certitude à l'ignorance

La solidité de la science classique

Dès le XVIe siècle, des savants comme Bacon et Galilée ont décidé de rejeter la «science» médiévale, qui prétendait connaître à partir de principes abstraits, sans référence au monde réel. Ils reprenaient ainsi l'héritage d'Archimède et d'Aristote, qui, plusieurs siècles auparavant, montraient déjà une préférence pour la vérification et l'expérience. C'est du reste ce qui allait s'appeler la science empirique, c'est-à-dire le modèle de toute connaissance objective dite scientifique.

C'est ainsi que, jusqu'à la fin du XIXe siècle, cette science s'est avérée la connaissance supérieure, détrônant la philosophie et la théologie. Avec Newton, elle allait atteindre le sommet de son prestige et de sa crédibilité. Désormais, rien ne semblerait vrai ou possible sans vérification scientifique. Celle-ci était devenue un critère quasi absolu, le creuset de toute vérité, la critique la plus infaillible, l'incontournable. On pourrait même dire que cette connaissance avait acquis l'importance et la solidité de la démocratie, le système politique qui allait l'accompagner et qui, comme la science, avait été inspirée par les Grecs.

La dérive de la science moderne

La science de ce temps était claire et compréhensible, puisqu'elle s'appuyait davantage sur les expériences concrètes que celle du XXe siècle, basée surtout sur des mathématiques de plus en plus abstraites. Dès ce moment, les sciences pures — physique et chimie — commencèrent à «perdre» le public — du moins, son intérêt et sa compréhension. Elles étaient devenues trop difficiles à comprendre, trop loin de la vie des gens et de leurs intérêts — comme la gravitation, l'électricité, le transmission génétique et les expériences chimiques du laboratoire, accessibles à tout collégien. C'était désormais le domaine de spécialistes, un domaine incompris tant du public que des autres scientifiques.

Après le couple «indélogeable» — relativité/ physique quantique —, toute exploration nouvelle devenait de plus en plus coûteuse, raffinée et invérifiable dans les faits. «De plus en plus de principes fondamentaux semblent avoir de moins en moins affaire à nous», reconnaît Steven Weinberg, dans *Dreams of a Final Theory*[1]. La science de pointe demandait des conditions spéciales pour se réaliser, des conditions de plus en plus difficiles à trouver.

Le superconducteur qui devait mener la physique plus loin dans le monde microscopique aurait mesuré 54 milles de circonférence. Et pour creuser le monde que cachent les très insaisissables «superficelles» (*superstrings*), il aurait fallu bâtir un accélérateur d'une circonférence de 1 000 années-lumière. Or, on se souvient qu'il faut une journée à la vitesse de la lumière pour faire simplement le tour du système solaire[2].

Aujourd'hui, le soubassement de la réalité, sur les plans de l'infiniment petit et de l'infiniment grand, semble impénétrable, sauf par la spéculation abstraite de la pensée. Il ne faut donc pas se surprendre qu'on ait dû abandonner le superaccélérateur, qui devait pousser à fond l'étude des particules, de même que la fondation SETI, ouverte sur les messages extraterrestres, ainsi que les voyages spatiaux les plus ambitieux de la NASA. Le public ne marchait plus. Il s'intéressait davantage aux technologies nouvelles qui agrémentent la vie courante.

Avec cette nouvelle science qui, sans détrôner le monde si ordonné de Newton, nous a dévoilé un univers plus complexe et plus instable, nous sommes entrés dans l'ère de l'incertitude, des probabilités et de l'imprévisible. Les électrons n'ont pas de véritable existence: ils existent comme des états probables, jusqu'à ce que l'acte d'observation les force à entrer dans un état précis. Selon John Wheeler, un pilier de la nouvelle science, comme «la réalité a besoin d'un acte d'observation pour se manifester, elle ne serait pas totalement physique, mais également mentale: elle exigerait la conscience pour être saisie[3].»

Une telle science commençait à paraître trop obscure pour sembler utile ou crédible, ce qui faisait dire à David Bohm, autre géant de la physique quantique: «Si vous croyez comprendre la mécanique quantique, c'est que vous n'y voyez absolument rien[4].» La science s'est divorcée de la réalité en perdant la capacité d'être vérifiée. Devenue purement abstraite, elle bouclait la boucle en rejoignant la science spéculative du Moyen Âge. On était même arrivé à se poser des questions aussi bizarres qu'inutiles: «Comment était le monde quand il avait la grosseur d'un ballon de basket, d'un pois ou d'un proton?», rappelant la discussion stérile des scolastiques qui se demandaient combien d'anges pouvaient tenir sur la pointe d'une aiguille[5]!

L'Univers demeuré incompris

La physique de pointe est donc arrivée à une impasse et laisse dans l'obscurité plusieurs aspects de l'univers. Selon Stephen Jay Gould, biologiste à l'Université Harvard, on ne comprend pas ce que sont l'infinité ou l'éternité, l'origine du langage, du sexe, de la conscience humaine ou de la vie. Le biochimiste Stuart Kaufmann, du Santa Fe Institute, croit également que l'origine de la vie reste le mystère le plus impénétrable. Peut-être même, reprend Stanley Miller, que les savants ne sauront jamais où et comment la vie a commencé[6]. Et pour

Francis Crick, qui nous révéla l'ADN, elle semble être un vrai miracle[7].

Mais il existe d'autres inconnaissables: personne ne sait ce qui cause les taches de soleil et pourquoi leur nombre va et vient tous les quelque 10 ans. Plusieurs théoriciens croient que la plupart des galaxies contiennent en leur centre un trou noir. Et pourquoi? demande le physicien russe, Andrei Linde. Parce que personne ne peut imaginer une meilleure façon d'expliquer les tourbillons violents de matière au sein des galaxies. Voilà, dit-il, un argument basé sur notre ignorance[8]. Et, conclut-il, si de fait il nous est peut-être impossible de voir clairement dans notre propre galaxie, nous pourrons cependant en apprendre assez pour douter de l'hypothèse des trous noirs. C'est-à-dire que nous pouvons en savoir assez pour comprendre combien peu nous en savons.

L'impasse du problème corps/esprit

Dans les rapports entre le corps et l'esprit, la science actuelle se heurte à davantage d'obstacles. Selon Christof Koch, collaborateur de Crick, la science ne peut vraiment résoudre ce problème. Aucune théorie neurologique ne peut expliquer comment une pensée peut surgir d'une masse de matière[9]. La difficulté vient de ce que le savant ne peut entrer dans la conscience du cerveau pour voir ce qui s'y passe: si le cerveau peut être étudié en laboratoire, ce n'est pas le cas pour l'esprit. Le cerveau lui-même semble incapable d'offrir une explication de lui-même, dit Gunther Stent[10]. Cependant, pour John Eccles, le célèbre neurologue, la réponse se trouve dans le fait que l'esprit existe indépendamment du corps[11]! Et si c'est le cas, on cherche dans la mauvaise direction: c'est l'esprit seul qui peut se connaître, et ce, par l'intuition, non pas par la méthode scientifique.

Il n'y a peut-être qu'une solution à l'énigme qui fait qu'on ne peut savoir si un autre est conscient: que toutes les consciences deviennent une[12].

Non seulement la science ne peut guère nous renseigner sur nous-mêmes, sur notre destin, sur le sens de la vie ou sur l'existence de l'âme, mais depuis qu'elle a accepté d'être subventionnée, elle a prêté flanc à toutes sortes de corruptions. Selon le théoricien politique Francis Fukuyam, cela s'explique par le fait que *«la science est moins un produit de notre volonté de savoir que de notre volonté de pouvoir»*, c'est-à-dire qu'elle est désormais sujette à corruption[13].

Des pratiques irresponsables

Ce n'est pas en elle-même, mais bien par ses applications, que la science a cessé d'être pure et neutre pour verser dans des pratiques irresponsables — le clonage reproductif, l'utilisation abusive de cellules souches, l'usage du nucléaire, la production de nombreuses pollutions (gaz à effet de serre, déversements de pétrole, déforestations, production et distribution de drogues, fabrication de tabac), la vente des produits pharmaceutiques, la corruption de la médecine et, finalement, le fait que les scientifiques soient à la solde des gouvernements, des militaires et des industries.

Le clonage

Il y a deux espèces de clonage:
- le clonage reproductif, où le noyau contenant l'ADN d'un adulte est injecté dans un ovocyte (cellule femelle) dont on a préalablement enlevé le noyau. L'embryon est ensuite implanté chez une mère porteuse;
- le clonage thérapeutique, où on dispose de cellules souches, que l'on transformera en cellules spécialisées (sang, muscles, etc.) aptes à être greffées. Les premières étapes sont identiques au clonage repro-

ductif (la modification d'un embryon), mais les cellules modifiées ne sont pas réimplantées pour créer un individu identique au donneur du noyau (clone).

Intervenir dans les processus de la nature n'est pas une pratique nouvelle: nous le faisions déjà par l'utilisation de la pénicilline et des autres vaccins, par les opérations et les prothèses. Utiliser des gènes manipulés serait donc une bonne chose en vue de prévenir ou de guérir des maladies graves.

Il s'agit ici de ce qui s'appelle l'eugénisme négatif: une intervention génétique dans le but de corriger un mauvais gène. Alors que le clonage reproductif implique un eugénisme positif, c'est-à-dire la manipulation génétique avec l'intention d'améliorer certaines caractéristiques physiques ou intellectuelles. C'est là que se pose le problème moral. En effet, comment savoir s'il est souhaitable d'améliorer certaines caractéristiques, et s'il l'est, qui décidera de l'intervention? Cela demande qu'on soit assez responsable pour assumer son geste et assez sage pour voir qu'il servira l'humanité plutôt que la vanité d'un chercheur[14].

Se prendrait-on pour Dieu? En réalité, nous ne pouvons plus faire demi-tour: nous savons comment cloner, isoler des cellules souches, remplacer un cœur de chair par une mécanique, et il existe déjà des bébés éprouvettes, des spermes congelés, tout comme existent le prolongement artificiel de la vie et les pratiques d'euthanasie. Nous avons, comme Prométhée, appris à jouer avec le feu.

Mais nous ne pouvons pas agir gratuitement comme un enfant à qui tout serait permis. Chacun se doit d'assumer ses responsabilités, de reconnaître que sa liberté d'agir et d'explorer est associée à des responsabilités et ne peut être séparée d'elles. En ce domaine, comme dans tant d'autres, être libre, c'est être responsable.

Par exemple, ce serait irresponsable de se mettre à faire du clonage reproductif, sans se rendre compte que:

• pour une seule réussite, il faut accepter qu'un quart des clones présenteront des malformations et que plusieurs mourront[15];

• pour obtenir une cellule souche embryonnaire humaine avec la technologie dont on dispose présentement, il faut détruire un embryon humain.

Déjà on peut isoler des cellules souches, les conserver indéfiniment en laboratoire, les faire croître et les congeler de façon à conserver leur capacité à se transformer en cellules musculaires, sanguines, osseuses ou cérébrales. *Mais ce n'est pas parce qu'une chose* **peut** *être faite qu'elle* **doit** *l'être.*

C'est la différence entre le savant dépourvu de morale et de sagesse et celui qui en aurait. Or, la science n'a pas comme telle de sagesse: elle ne considère que la possibilité, la faisabilité de telle ou telle découverte ou invention, sans s'arrêter à la moralité, à l'utilité ou à la nécessité d'une telle action. (Pour elle, ces préoccupations appartiennent à la philosophie et à la bioéthique.) Elle ne s'intéressera guère aux conséquences à long terme de ses actions, comme on l'a vu dans l'invention de la bombe, de l'énergie nucléaire et de la simple automobile à essence, cette source toujours grandissante de pollution et d'encombrement.

La cellule souche embryonnaire est une cellule humaine qui n'existe que pendant les premiers jours du développement de l'embryon et que l'on ne peut cueillir qu'en détruisant ce dernier. Théoriquement, c'est une cellule unique pouvant adopter toute forme et engendrer une réserve de pièces de rechange — organes, épiderme, tendon, os, sang et cellules cérébrales —, avec lesquelles on pourrait réparer les dégâts attribuables aux maladies, aux blessures et au vieillissement.

J'ai dit «théoriquement», car plusieurs savants croient qu'il faudra au moins 10 ans avant de comprendre comment programmer le développement de cellules transplantables sur des humains et encore plus de temps avant de savoir comment les amener à créer quelque chose d'aussi grandiose et complexe qu'un foie ou un rein.

Il faut ici se rappeler la découverte du biologiste cellulaire Leonard Hayflick qui, en 1961, s'aperçut que des cellules humaines normales cultivées *in vitro* cessaient de se multiplier à partir d'un certain nombre de divisions. Cette donnée, appelée désormais «limite de Hayflick», a introduit la notion de moralité dans la biologie du vieillissement. Ce savant, aujourd'hui un sage septuagénaire, ne croit pas qu'on parvienne bientôt à trouver le moyen d'endiguer le vieillissement, ce qui du reste serait une mauvaise idée, puisque si nous rajeunissions nos cerveaux, nous perdrions ce que nous avons de plus précieux: le sens du soi. Il croit qu'«en partant du principe qu'on puisse se remplacer pièce par pièce, cerveau compris, on perd toute identité et toute conscience de soi. On perd ce qu'on est, car on est ce qu'on est grâce à la mémoire[16]».

L'énergie nucléaire

Les arguments soulignant les dangers imprévisibles du nucléaire, la durée du strontium et du plutonium, les effets désastreux sur la santé des employés d'usine nucléaire, sur celle de leur famille et sur la nature environnante, n'ont plus besoin d'être reformulés. Si l'on s'en tient simplement à la catastrophe de Tchernobyl, il est clair que depuis 1991, les doses de radiation de l'organisme des habitants de la région augmentent à cause de l'ingestion d'aliments contaminés qu'ils cultivent sur les lieux. «On peut vivre, mais pas manger», disent-ils. Car depuis 1992, l'État a cessé de leur fournir de la nourriture non contaminée. Ainsi, la plupart de leurs enfants présentent des déficiences; plus que des retards mentaux, on observe surtout une pathologie jusqu'alors inconnue, mélange de névrose et de troubles organiques.

Il faudra des centaines d'années avant que la nature se régénère. Voilà le résultat d'une science sans sagesse. Nous ne savons presque rien du strontium et du plutonium, et pourtant, nous nous sommes lancés aveuglément dans la construction de ces usines de mort. Et même aujourd'hui, nous ne disposons pas d'un véritable suivi des mesures de pollution: les études sont menées sur une toute petite zone et les résultats sont faussés pour paraître moins alarmants, ou ils sont tenus secrets[17].

Or, ces effets extrêmement pernicieux étaient connus des savants qui travaillaient dès le début à construire des engins pouvant produire cette nouvelle énergie. Mais, comme je l'ai noté préalablement, la science ne connaît pas la sagesse: elle est comme un taureau qui fonce, sans se poser de questions sur ce qu'il va détruire. Ce qu'elle croit possible de faire, elle croit de son devoir de le faire, surtout pour des raisons de profit, de prestige pour la patrie et de prix Nobel à décrocher. Et cette aventure se poursuit dans tous les pays qui disposent de cette énergie incontrôlée et imprévisible. Elle continue et on s'en vante.

Les gaz à effet de serre

Ceux qui produisent des autos savent très bien que la surabondance de gaz qui s'en échappe détruit la toile d'ozone ainsi que la santé des populations urbaines. Ils savent surtout qu'il existe plusieurs autres formes d'énergie non polluantes qui pourraient servir à faire fonctionner des véhicules, ils le savent depuis longtemps, mais comme les riches et avides producteurs de pétrole ne veulent pas «lâcher le morceau», ils maintiennent entre leurs griffes les usines d'auto et les gouvernements qui comptent sur cette industrie pour remplir leurs coffres. Mais aussi longtemps qu'on aura des chefs d'État aussi puissants et irresponsables que Bush, la terre va continuer de s'envelopper de nuages mortels.

Depuis que la recherche scientifique est largement subventionnée par les gouvernements et les industries, les découvertes jugées inopportunes, du fait qu'elles ralentissent l'économie, sont escamotées, reformulées ou simplement ignorées. En somme, on se fiche complètement du bien-être des gens, de leur santé et de celle de la terre. On ne considère que le profit. Rien ne compte en dehors de ça. Or, les industries sont toutes d'accord, entraînant dans leur mouvement les gouvernements et l'opinion publique. Personne ne semble vouloir ou pouvoir renverser la vapeur. Et comme le progrès est divin, il ne peut être qu'éternel!

Les déversements de pétrole

Les régions côtières d'un nombre grandissant de pays continuent d'être ravagées par le flux gluant de pétrole brut s'échappant de pétroliers échoués ou emboutis. Les dommages causés à la flore, à la faune et, surtout, aux poissons et aux oiseaux aquatiques, sont incommensurables. Rappelons-nous que c'est parce que le pétrole est le combustible le plus utilisé et qu'il est transporté par mer, que ces événements se produisent et qu'ils se répéteront. Ce sont là des produits de la technologie, c'est-à-dire, en fin de compte, d'une science qui ignore toujours la sagesse.

Le poison du tabac

Les tabacs vendus dans tous les pays du monde sont trafiqués par des fabricants occidentaux, afin de rendre les acheteurs dépendants et mortellement malades. Ce sont surtout les jeunes qui sont ciblés. Plusieurs des populations qui utilisent abondamment le tabac sont déjà ravagées par le sida, la tuberculose, le paludisme et la pauvreté. On se demande toujours comment des compagnies peuvent continuer à vendre un produit universellement reconnu comme nocif. Les producteurs et les vendeurs renvoient la balle à l'acheteur, qu'ils disent responsable de ses propres vices. Pourtant, le produit vendu n'est pas «nature» mais, au contraire, complètement dénaturé par des drogues. C'est comme si on ajoutait de la coke à une boisson gazeuse et qu'on s'en lavait les mains en se disant que les consommateurs n'ont pas besoin de connaître «la recette secrète» aussi longtemps qu'ils en aiment le goût et en sentent le besoin: cela leur suffit!

Les produits pharmaceutiques et la corruption médicale

Les géants de l'industrie pharmaceutique distribuent des médicaments inadaptés ou périmés à des gens dont ils savent très bien qu'ils n'y verront que du feu. Dans les pharmacies occidentales, ils gonflent énormément les prix — à la façon des industries du vêtement —, mais dans les pays du tiers-monde, ils prolongent la durée du médicament et vendent des produits périmés à des prix ridicules, afin d'attraper plus de clients. Par exemple, ils vendront aux Africains des médicaments pour les douleurs extrêmes du cancer, en les présentant comme un simple traitement contre le mal de tête.

L'industrie pharmacologique entraîne aussi la corruption de la profession médicale, pays par pays. Et voici comment: les médecins sont payés par les fabricants d'un produit afin qu'ils en vendent davantage, même s'il n'est ni requis ni recommandé pour le traitement. Cet argent offert aux médecins se présente également sous forme de prétendus «séminaires», de «stages de formation» dans des endroits luxueux, voyages et dépenses payés.

De plus, des géants de l'industrie pharmaceutique fournissent des laboratoires tout équipés et fondent des chaires universitaires au sein desquelles leurs produits seront testés et développés. On se demande alors où se trouve la prétendue impartialité de la recherche médicale universitaire... On pourrait croire pourtant que les journaux scientifiques «objectifs» constitueraient le dernier bastion de la vérité. Or, le *New England Journal of Medicine*, le plus prestigieux du genre, a avoué que certains de ses collaborateurs avaient entretenu des «liens secrets» avec l'industrie pharmaceutique.

Une des organisations de surveillance les plus courageuses, la BUKO, un organisme situé à Bielefeld (Allemagne) et composé de médecins responsables et de militants qui s'efforcent de mettre en relief les méfaits de l'industrie pharmaceutique, s'est vu refuser une subvention annuelle par l'Union européenne parce qu'un mystérieux «comité d'experts» avait torpillé la demande.

Et ce n'est pas tout. Aux États-Unis, le cocktail anti-sida qu'on offre aux malades coûte chaque année 10 000 $ par patient. Toutes ses composantes sont brevetées. Un fabricant américain de médicaments à qui on a demandé d'en calculer le prix s'il n'avait pas à respecter les brevets, a répondu: «Ça coûterait 230 $ par an, et je ferais encore un bénéfice.» Le coût serait encore inférieur au Brésil, en Thaïlande et en Inde[18]. Mais qui s'en préoccupe vraiment?

La science corrompue par les militaires

On ne peut sous-estimer l'influence de la politique dans les recherches scientifiques. Cela a commencé dès la Deuxième Guerre mondiale. Comme le résumait bien McGeorge Bundy, ancien conseiller stratégique d'un président américain: *«Les bons cerveaux vont là où il y a de l'argent*[19]*.»*

Vannevar Bush, conseiller de Roosevelt, parlait à l'époque de «la mise en œuvre systématique d'une politique de la science, c'est-à-dire en fait d'une politique *pour* la science, mais aussi *par* la science» — un message répercuté en Europe dès 1958 par l'Organisation de coopération et de développement économique (OCDE). Une grande partie des découvertes fondamentales en physique et en chimie furent ainsi liées à ces orientations politiques: l'énergie nucléaire, les sciences de l'information et, surtout, les accélérateurs de particules. Ces découvertes ont, bien sûr, contribué au progrès des connaissances menant finalement à des prix Nobel, dont le prestige a rejailli sur les industries.

Or, ces recherches étaient liées avant tout aux intérêts militaires et économiques. Par exemple, la très importante découverte des transistors fut l'œuvre de deux professeurs de Harvard attirés par les laboratoires Bell qui leur offraient des conditions de travail inégalées. Le problème à résoudre: substituer aux lampes de radio de l'armée, lourdes et fragiles, des innovations capables de réduire le poids et le format des systèmes de communication.

L'histoire de la science moderne ne peut se dissocier de l'histoire militaire. Même les débuts de la science galiléenne furent liés aux problèmes de la balistique. Les ouvrages de balistique et d'artillerie étaient des manuels intéressant à la fois les militaires et les scientifiques. Au cours de l'histoire, plusieurs savants ont participé à la solution de problèmes militaires: Tartaglia, Hartmann, Leibnitz, Papin, Newton, les frères Bernouilli et Galilée[20].

La science ne livre pas ses promesses

La croyance en un progrès éternel est une des illusions qui domine la culture actuelle[21]. Il suffirait pourtant d'ouvrir un peu l'œil pour se rendre compte que nous n'inventerons pas de vaisseau spatial superlumineux, nous emportant magiquement vers d'autres galaxies. Nous ne deviendrons pas infiniment sages ni immortels par les manipulations génétiques et ne connaîtrons pas la pensée de Dieu, comme l'a prétendu l'athée Stephen Hawking.

Nous continuerons comme nous l'avons fait, oscillant entre plaisir et misère, clarté et confusion, bonté et cruauté. L'ère post-scientifique ne sera pas tellement différente de la nôtre[22]. L'Homme ne change guère; ce sont ses outils, son environnement et ses modes qui changent.

La science, à travers ses applications, ne peut nous libérer, étant elle-même liée par des collusions avec les pouvoirs politiques, militaires et industriels. Elle ne peut non plus nous enseigner la responsabilité, puisque, à cause de ses produits, elle est entachée de corruption, d'esclavagisme, de mépris pour les écologiques et pour la véritable santé du monde.

Il n'y a pas de Sauveurs, seulement des **Saigneurs**.

Notes

1. *In* John Horton, *The End of Science*, New York, Broadway Books, 1996, p. 73. (Traduction libre)

2. *Id.*, p. 62.

3. *Id.*, p. 81.

4. *Id.*, p. 91.

5. *Id.*, p. 93.

6. *Id.*, p. 139.

7. Francis Crick, *Life Itself*, cité dans Horton, *id.*, p. 141.

8. Horton, *id.*, p. 111.

9. *Id.*, p. 182.

10. *Id.*, p. 189.

11. *Id.*, p. 173.

12. *Id.*, p. 190.

13. *Id.*, p. 244. (L'italique est de moi.)

14. *Courrier International*, *id.*, p. 57.

15. *Id.*, p. 52.

16. *Id.*, p. 54.

17. *Id.*, p. 85

18. *Courrier International*, du 4 au 10 juin 2001, p. 43.

19. *Science et avenir*, avril/mai 2001, p. 90. (L'italique est de moi.)

20. *Courrier International, id.*, p. 89.

21. Horton, *id.*, p. 268.

22. *Id.*, p. 269.

4

LA RELIGION*, LE MIRAGE DE L'ENVOÛTEMENT

Pas de Sauveurs, seulement des SAIgneurs.

Des pièges à mythes

L'attrait des mythes

Les religions sont des lieux de fabricateurs de mythes. On y raconte des histoires, les unes plus

---

* Entendu ici comme regroupant les religions organisées et les sectes.

extraordinaires que les autres telles que les exploits d'Isis et d'Osiris, de Zeus et de ses compères de l'Olympe, ceux de Shiva, de Moïse, de Jésus et de Mahomet. Il s'agit d'événements grossis et embellis pour satisfaire la crédulité et le besoin de merveilleux des fidèles.

Il est donc évident que ces récits n'ont jamais été scientifiquement vérifiés et qu'ils le sont moins que jamais depuis que le feuilleté de commentaires/interprétations/spéculations théologiques a complètement occulté les données de base. Or, il importe de noter que tous les témoignages qui fondent les religions traditionnelles sont venus de leurs adeptes mêmes, c'est-à-dire de ceux qui étaient déjà vendus à ces croyances, donc prêts à les défendre passionnément.

Prenons par exemple les quelques écrivains non chrétiens de l'époque de Jésus — Flavius Josèphe, Tacite, Suétone et Pline*. Ils ne le mentionnent qu'en passant, sans lui donner d'importance, comme d'un simple fait divers. Les chrétiens diraient que ces gens ne pouvaient comprendre puisqu'ils n'avaient pas la foi, c'est-à-dire qu'ils n'étaient pas envoûtés par le per-

---

* L'empereur Trojan résume ainsi son commentaire sur Jésus: «Ses disciples le vénèrent comme s'il était Dieu.»

sonnage déjà glorifié. On sait maintenant, en examinant par exemple le comportement des sectes, que la grandeur d'une figure religieuse est largement fabriquée par ses disciples, qui sont vendus d'avance à sa supériorité. Cela est également évident si on consulte les biographies de saints.

Or, si les historiens chrétiens de l'époque avaient rapporté les faits et gestes de Jésus avec détachement et objectivité, leur témoignage serait irrécusable. Mais tel n'est pas le cas, loin de là.

La force de l'envoûtement

Nous sommes ici devant un phénomène bien connu: ceux qui œuvrent à l'intérieur d'un mouvement ou d'une croyance sont les moins capables d'en livrer une image objective, surtout s'ils en sont des défenseurs fanatiques. Telle a été du reste l'aventure du communisme, du nazisme et du fascisme: les membres étaient si envoûtés par la figure dominante qu'ils ne voyaient même pas qu'ils l'étaient. Et ce n'est qu'après avoir quitté le mouvement (s'ils étaient encore vivants) qu'ils commençaient à le voir pour ce qu'il était, et à voir comment eux-mêmes avaient été.

Les gestes et les merveilles du passé mettent en scène des héros, des interventions célestes et des événements miraculeux. Cela devait naturellement attirer les esprits crédules et peu instruits — comme on le voit encore de nos jours. Ce filet magique attrapait de nouveaux adeptes prêts à croire à tout ce qui pouvait les sortir de leur misère. On achetait leur âme pour un morceau de rêve.

À travers l'histoire, les groupes religieux ont suivi ce modèle: les fondateurs charismatiques attiraient un petit groupe, qui, une fois envoûté, électrisait les foules crédules et avides de merveilleux. Après le départ du chef, les disciples organisaient les croyances et les hiérarchies autour d'un mythe enjolivé et pris pour une révélation céleste. La fièvre de l'envoûtement galvanisait les fidèles, qui se croyaient choisis par l'Éternel et assurés de leur salut.

On trouve des exemples de ce processus dans l'hindouisme, le judaïsme, le mazdéisme, le christianisme et l'islamisme. Chaque religion raconte des histoires différentes et les fidèles eux-mêmes ne s'entendent guère sur le contenu qu'ils défendent. Chaque ensemble de contes prétend exprimer l'unique vérité et fournir un accès direct à la divinité. Les paroles écrites sont prises pour une révélation intouchable, où chaque mot, chaque incident exprime la vérité. Le texte est fondamental. (C'est ce qui s'appelle le *fondamentalisme*.)

La fabrication universelle des mythes

Comme la tendance à fabriquer des mythes est un trait de nature, on la trouve à toutes les époques et partout — dans la littérature, la chronique, le théâtre, le cinéma, la télé et le réseau Internet. Les autobiographies, où l'auteur nous livre des images retouchées de lui-même, appartiennent à ce besoin irrésistible d'envoûter par des mythes. Même la pub, forme contemporaine de la propagande, raconte constamment des histoires afin de nous faire acheter. Comme nous aimons nous faire avoir!

Il y a par exemple le cinéma, en particulier celui d'Hollywood. On y fabrique des mythes tels que le rêve américain, la famille idéale, la suprématie et la moralité supérieure de l'Amérique, la découpure du monde en bons et en mauvais — les bons étant les Américains et ceux qui leur ressemblent ou s'y rallient. On y crée aussi des héros et des idoles: John Wayne, Tarzan, James Dean, Marilyn, Elvis, Mickey Mouse et Superman, pour n'en nommer que quelques-uns. Même chose pour le cinéma européen: Dietrich, Mastroianni, Gabin, Rémus, Deneuve, entre autres; le domaine de la chanson n'y échappe pas non plus: Piaf, Brassens, Brel, Montand, Trenet ont tous été de grandes idoles. La politique a également présenté sa galerie de figures glorifiées hors de toutes proportions: Alexandre, Gengis Khan, Jeanne d'Arc, Colomb, Napoléon, Staline, Mao, Kennedy et, récemment, Lady Di. En fait, il y a autant d'histoires que d'historiens et de lecteurs d'histoire. Et tout le monde veut adorer une idole humaine.

Cependant, il y a dans ce contexte un autre trait qui caractérise la psychologie humaine, en particulier sa mémoire: plus on s'éloigne du passé, plus on le transforme et l'embellit: «le miracle grec», «la belle époque», «le chevalier médiéval», «l'âme romantique», «les années vingt». On croira même que plus un mythe est ancien, plus il a de chances d'être véridique; c'est ainsi qu'on a utilisé les 2 000 ans du christianisme pour prouver son origine divine. Mais à ce compte-là, les religions qui l'ont précédé et qui durent toujours — hindouisme, bouddhisme, judaïsme et celle des Amérindiens — seraient plus divines et plus vraies!

Une domination aux allures de sainteté

Le besoin de dominer

On se souviendra, du reste, que le christianisme fut associé pendant la plupart de son règne aux pouvoirs politique et militaire. Dans la religion plus qu'ailleurs, on semble obsédé par le complexe olympique, c'est-à-dire le besoin d'être à tout prix le premier et le meilleur. C'est dans ce sens que les canonisations, qui continuent de s'accumuler, veulent rappeler aux autres religions que c'est la catholique qui possède la vérité puisqu'elle seule sait *fabriquer* des saints! (On trouve ce même complexe dans tous les sports du monde, tous les concours de beauté et les distributions de prix du cinéma. On voudrait tant un jour être inclus dans le grand Livre des Élus — c'est-à-dire le *Guinness*!)

Chacun veut être seul et unique, une attitude qui se rencontre tant chez les sectes qu'au sein des religions traditionnelles, leurs modèles. Il s'agit toujours d'avoir le billet gagnant, la vérité qui garantit le salut éternel et attire des disciples. On proclame bien haut qu'on ne travaille que pour l'éternité, mais pendant qu'on est sur terre, on cherchera à dominer, à s'infiltrer, à étendre son pouvoir, tout en faisant croire que «notre royaume n'est pas de ce monde».

Il y a heureusement l'autre côté de la médaille. Certaines traditions anciennes ont échappé au complexe olympique des religions et demeurent toujours vivantes.

Mais, justement, ce ne sont pas des religions organisées, ce sont des sagesses. Telles sont le *vedanta* de l'Inde, le tantrisme du Cachemire, le bouddhisme du début (appelé *chan*) et le taoïsme chinois qui a grandement influencé le zen japonais (un bouddhisme plus tardif) et continue d'imprégner la Chine profonde. Il faut aussi inclure le soufisme, qui est la branche contemplative de l'islam et qui est persécuté par ce dernier, comme il arrive souvent lorsque l'intériorité et l'autonomie individuelle sont perçues comme des menaces à l'orthodoxie.

Comme ces traditions n'exercent pas de pouvoir, elles ne cherchent pas à se répandre dans le monde. Du fait qu'elles sont ainsi détachées du pouvoir et de la propagande missionnaire, elles peuvent répondre à la quête la plus profonde et la plus libre des humains.

Or, ces sagesses ne charrient pas de mythes. Du fait qu'elles font appel à la maturité plutôt qu'à l'imagination et à la dépendance infantiles, elles n'attirent pas les crédules ni les soumis. Elles s'adressent à ceux qui ont appris à se connaître et qui cherchent à être libres intérieurement — de cette vraie liberté dont j'ai parlé au début.

S'il faut dépasser les religions, c'est justement pour trouver les sagesses.

La structure pyramidale

Les religions traditionnelles ont servi de modèle aux sectes. Dans les deux cas, on reconnaît la même prétention à la vérité, la même structure pyramidale où le chef et ses acolytes contrôlent les disciples, en nourrissant leur crédulité et leur besoin d'une figure parentale. Comme le chef religieux croit représenter Dieu et pouvoir même se prendre pour lui au besoin, les gens d'en bas ont tout à gagner à être fidèles et obéissants.

Or, le disciple n'est pas une victime: il est attiré par le gourou parce qu'il veut être pris en charge; de son côté, le gourou a besoin d'être reconnu et adoré. Tous deux forment un couple soudé par une dépendance mutuelle, par une relation de parent-enfant qui les enferme dans une psychose.

C'est l'obéissance qui crée la cohérence d'un groupe religieux où les meneurs imposent leur infaillibilité, alors que les croyants doivent accepter ou périr (soit dans leur corps, soit dans leur âme). C'est l'attitude que prônait Alphonse Rodriguez, un saint du XVIIIe siècle, dans des termes concis et éloquents: «Si vous obéissez, vous ne pouvez point vous tromper.» Cette parole, on l'entendra de nouveau dans la bouche des nazis arrêtés après la guerre: «Nous ne sommes pas responsables, nous n'avons fait qu'obéir.» Autrement dit, «vous nous avez remis votre responsabilité; agissez comme des esclaves et vous n'aurez pas à apprendre par essais et erreurs comme les incroyants. Il faut que vous demeuriez comme des enfants: ne pensez pas, ne posez pas de questions, faites-nous confiance car nous voulons votre bien et nous vous sauverons.» On croyait former ainsi des saints, mais on ne créait que des *suiveux* et des fanatiques, des individus qui avaient cessé de croître.[*]

Ainsi, dans les communautés religieuses, la dépendance totale était exprimée par la prononciation de trois vœux qui rendaient incapable d'intégrer sa sexualité (la chasteté), de gérer l'argent et un budget (la pauvreté), et finalement, de penser par soi-même en apprenant comme tout le monde par ses propres erreurs (l'obéissance).

Toutes les religions traditionnelles ont projeté une divinité au-dessus et en dehors de l'Homme — Yahweh, le Père céleste, Allah, et même le Christ. En faisant cela, elles ont:

---

[*] Voir la critique inexcusable (mais irrecevable pour le Vatican) du psychanalyste-prêtre Eugène Drewermann. Aussi, fut-il comme tant d'autres éliminé de l'Église. (*Fonctionnaires de Dieu*)

- maintenu entre Dieu et l'Homme une relation père/enfant, dominant/dominé, juge/jugé;

- permis aux clergés de jouer le rôle de «dieu visible», en interprétant la volonté du dieu inaccessible et en se donnant par le fait même une autorité infaillible sur le peuple;

- créé un état de peur et de culpabilité chez les fidèles, renforcé par des défenses et des dogmes;

- vidé l'Homme de sa capacité de penser par lui-même, de trouver son sens à la vie, de se fier à la sagesse intérieure plutôt qu'aux clergés manipulateurs.

Ces clergés se voulaient libérateurs et sauveurs. Ils disaient à leurs fidèles: «On vous séparera des gens mauvais, des incrédules, des libres penseurs, des anarchistes, des marginaux, des chercheurs qui pensent trouver l'absolu par eux-mêmes. On vous enseignera que le monde est divisé en bien ou mal, en vérité ou mensonge, en blanc ou noir, comme dans un film de cow-boy, et que vous êtes les bons, choisis par Dieu pour enrayer le mal et faire triompher le bien.»

La religion mène à la guerre

Voilà la semence de toutes les guerres — les luttes des Israélites contre les pharaons, l'élimination des Hittites, des Amonites et des Babyloniens dans la Bible, les croisades chrétiennes, l'Inquisition (qui dura six siècles), les guerres de religions, le conflit contemporain en Israël, en Irlande, en Yougoslavie, en Afrique entre Tutsis et Hutus, entre l'Inde et le Pakistan, entre les talibans et leurs ennemis.

L'Amérique est née dans et de la religion. Les pèlerins arrivés de Plymouth par le *Mayflower* étaient des puritains persécutés à la recherche d'un pays où pratiquer librement leur foi. L'Amérique entière est le développement naturel de cette semence. C'est ainsi que s'expliquent le moralisme profond, le *self-righteousness* (la certitude d'avoir raison), le sentimentalisme religieux et le triomphalisme américain, inséparables de sa vision du monde en noir et blanc. Le slogan «*In God We Trust*» et le «*Gott Mit Uns*» des Allemands, tout comme le cri de ralliement «*For God and Country*» et l'appel des croisés «*Dieu le Veut*» sont inspirés d'un même souffle.

Toute guerre est foncièrement un conflit entre le bien (nous) et le mal (les autres) et prend racine dans la religion, dans une religion contre une autre. Et l'état de guerre déclenché par les récentes attaques de l'Amérique est essentiellement un autre chapitre dans les guerres de religion, cette fois, entre le monde arabo-musulman et le monde judéo-chrétien. Le défenseur de ce qui est juste, vrai, moral et supérieur reconnaît son ennemi de toujours, celui qu'il croit immoral, inférieur et indigne de vivre, peu importe d'où il vient. Et, comme il arrive et arrivera toujours, chaque camp voit l'autre comme le Mal.

Vieille et nouvelle religion

De son côté, la religion catholique se voit ébranlée. Comme elle ne *prend* guère auprès des gens renseignés et branchés, qui préfèrent trouver leurs propres réponses aux énigmes de la vie, elle cherche pâture ailleurs. C'est donc chez les pauvres de l'Afrique, de l'Amérique du Sud et de l'Europe de l'Est qu'elle se tournera. En effet, ces pauvres vendront leur âme pour une bouchée de pain, une prise en charge et un mythe aussi merveilleux. Ils seront complètement soumis et envoûtés, tout en se faisant dire qu'ils sont enfin libérés par leur foi en Jésus (et leur dépendance absolue aux pasteurs).

À ce sujet, il est même étonnant que dans un pays aussi «libéré» que le Canada, la religion traditionnelle ait encore une telle emprise. Du moins en est-il ainsi dans les provinces où j'ai vécu et enseigné: le Manitoba, l'Ontario et le Québec. Dans la plupart des villages et des campagnes du Québec, on est demeuré à peu près dans la même soumission aux Églises que dans les deux autres provinces. En dehors de Montréal, le pouvoir de la mythologie chrétienne est resté très fort. Et là où l'emprise de la religion traditionnelle a beaucoup diminué, comme cela est évident à Montréal, les sectes nouvelles se sont mises à pousser comme des champignons. Or, ces religionettes parlent toutes d'un dieu-parent qui exige une obéissance absolue de ses enfants (par le truchement des pasteurs, bien sûr), obéissance qui s'exprime par l'assiduité aux offices et le paiement de sa dîme. Pas de place pour des questions embarrassantes ni pour aucune forme de démocratie. On ne veut pas d'esprits adultes et autonomes, seulement des êtres soumis et confiants. C'est ainsi que se perpétue le grand envoûtement[*].

---

[*] Voir mon livre, *L'envoûtement des croyances*, paru aux Éditions Quebecor en 2000.

La collusion entre religion et argent

La recherche secrète du pouvoir

La religion, tout le monde le sait, est mariée à l'argent. En effet, qui veut le pouvoir commence par s'enrichir. C'est ainsi que les religions n'ont cessé de penser au pouvoir tout en ne parlant que de service et de détachement.

Pourtant, les choses de l'esprit ne s'achètent pas. Non seulement elles ne s'achètent pas, mais on peut en jouir sans avoir d'argent. De fait, on n'a pas besoin d'argent pour être conscient ou en paix, pour rayonner la joie, pour aimer ni même pour jouir des plaisirs simples du corps et des beautés de la nature.

Et pendant que tout le monde cherche à être riche, ce qui est tout à fait naturel, les religions veulent nous faire croire qu'elles vivent dans le détachement, l'amour des autres et le partage. (Durant mes nombreuses années en contact avec des religieux et des religieuses, toutes les communautés que j'ai connues ne partageaient jamais avec ceux de l'extérieur.) Mais pourquoi cet écart entre ce qu'elles prêchent et ce qu'elles pratiquent? Pourquoi, en effet, auraient-elles besoin d'argent si elles enseignent simplement à s'aimer les uns les autres? Serait-ce que l'amour ne leur suffirait pas, alors qu'il suffisait à Jésus et à François d'Assise? Serait-ce que les organisations religieuses ne cherchent pas seulement ou tout d'abord à répandre amour et joie, mais à exercer un pouvoir sur les autres? Peut-être veulent-elles surtout grossir leurs rangs et arriver même à dominer le monde…

S'il est vrai que le pouvoir s'acquiert surtout par l'argent, un organisme religieux qui cherche le pouvoir sait très bien ce qu'il a à faire. S'il ne se contente pas de rayonner paix, joie et amour, il va s'enrichir. Car on sait très bien que sans argent, toute religion organisée s'écroulera comme château de cartes.

Une entrée progressive d'argent

L'attitude vis-à-vis de l'argent s'est modifiée au cours des âges. Au début, on maudissait le veau d'or qui éloignait de l'Éternel. Plus tard, la consigne fut de rendre à César ce qui lui revenait, c'est-à-dire de payer ses impôts à l'État, qui devait être séparé de l'Église. Pourtant, cela n'empêchera pas les religions de s'enrichir énormément, tout en se proclamant pauvres puisque leur royaume ne devait pas être de ce monde! Au Moyen Âge, prêter de l'argent à intérêt était déclaré péché mortel, mais on s'est vite ravisé lorsque les banques ont ouvert leurs portes. Et de leur côté, les communautés religieuses créées au Ve siècle dans le vrai dénuement ont éventuellement profité de leur vœu de pauvreté pour s'amasser de grands et superbes domaines situés aux meilleurs endroits. Leurs membres y vivaient comme des seigneurs exempts d'impôts.

La religion n'a jamais su se tenir libre vis-à-vis de l'argent. Et elle n'a jamais pu se détacher non plus du pouvoir. Serait-ce qu'au fond, elle s'est tellement unie à l'un et à l'autre qu'elle ne peut plus envisager le divorce? Même les sectes ont appris de leurs modèles traditionnels que la religion est une des meilleures affaires qui soient. De toutes façons, on sait depuis l'époque des papes du Moyen Âge qu'il y a collusion entre religion, argent et pouvoir, et que la religion exerce un pouvoir politique au nom de Dieu.

C'est par la religion que l'Homme va se détruire, comme on le devine déjà à travers les événements récents. En utilisant sans vergogne l'argent, le pouvoir, les armes et la propagande, la religion peut allumer dans les foules une férocité de kamikaze prêt à tout sacrifier pour s'assurer la gloire éternelle. On n'arrête pas une foule fanatique: elle a la force des volcans et des marées.

CHAPITRE

5

LA MACHINE, NOUVEAU MIRAGE MESSIANIQUE

L'Homme: maître et esclave de la machine

Les deux visages de la machine

L'être humain est un animal technologique: il ne peut s'empêcher de se créer des instruments, des outils et des machines. Et comme il est inventif de nature, il éprouve un besoin impérieux de fabriquer des appareils qui le prolongent, qui le rendent plus efficace ou plus puissant. Mais dès qu'il oublie que la machine est sa création, celle-ci devient son maître. Elle cesse d'être une aide pour devenir un obstacle.

C'est le mythe de Pygmalion: une création humaine qui finit par dominer son créateur. C'est également l'histoire de Pinocchio, cette sculpture qui donne l'illusion d'être aussi vivante que son fabricant. En effet, l'histoire nous apprend que l'Homme en tant qu'espèce a tendance à se perdre dans ce qu'il fabrique; il perd son âme en se laissant envoûter par son pouvoir inventif, que ce soit par la création du fusil, de l'auto, de la drogue ou des engins de guerre. Ce qui lui permet de dominer le rend esclave.

Pourtant, par sa créativité, l'Homme peut se donner une agilité, une force et une rapidité qui surpassent celles de tous les vivants. Il a le génie d'incarner ses idées dans la matière, de passer du rêve à sa réalisation. Ses machines sont des idées devenues matière, incorporées comme autant de répliques de lui-même.

Si nos inventions technologiques nous apparaissent d'emblée comme des preuves de progrès matériel, elles sont également des occasions de violence, d'excès et de corruption. Une machine peut être utilisée pour le mal, puisqu'elle reste toujours dépendante de l'intention de l'usager. C'est ce que disait en 1945 Norbert Wiener, l'inventeur de la cybernétique, cette découverte qui allait permettre la création de l'ordinateur: «J'ai sérieusement pensé à laisser tomber mes travaux scientifiques, car je ne connais aucun moyen de les publier sans laisser mes inventions tomber dans les mauvaises mains[1].» Une crainte tout à fait justifiée, si l'on considère les inventions telles que les explosifs, l'énergie nucléaire et toutes les armes de destruction.

À l'instar de toute action humaine, ce que l'instrument donne d'une main, il l'enlève de l'autre. Même le simple couteau de cuisine n'échappe pas à un usage criminel. Non seulement la machine dépend de l'intention de l'usager, mais elle ne peut changer l'attitude ou le niveau de conscience de celui-ci.

La mentalité reste inchangée

Malgré un progrès technique jamais encore égalé, les gens d'aujourd'hui ne semblent pas avoir pour autant progressé dans leurs attitudes mentales ou leur comportement social. Comment s'en étonner, puisque aucune machine ne saurait transformer la conscience morale: ce n'est ni son rôle ni sa raison d'être.

Dans nos rues, il n'y a pas moins d'intolérance et pas plus de civisme. En ce sens, nous avons plutôt régressé. Si la communication et la technologie ont augmenté à un rythme effarant, en revanche, et par celles-ci, le terrorisme, la corruption, la torture, le viol, la pornographie et la drogue ont infiltré l'ensemble des couches sociales, de haut en bas.

Sauf de rares exceptions, la conscience des humains n'a guère évolué. En témoignent le racisme, l'intolérance, le fanatisme religieux, l'éloignement progressif des pauvres.

Toutefois, il faut reconnaître que la technologie nous a grandement facilité la vie. On dispose d'une foule toujours croissante d'instruments qui allègent et agrémentent nos jours et nos nuits — le thermostat, les voitures compactes, la laveuse automatique, le motorisé, le prêt-à-porter, les médicaments, le bateau à moteur, le deltaplane, les patins à roues alignées, les CD. Ces objets fournissent toujours plus de confort, voire de plaisir, sans diminuer pour autant les soucis, les maladies, les *burnout*, l'impatience et la dispersion. Le temps que l'on gagne grâce au lave-vaisselle, à la perceuse électrique, à la Jaguar, au séchoir à cheveux, à l'ordinateur et au téléphone cellulaire est annulé dans la complication croissante de la vie — la vitesse, les congestions de la circulation et de la bureaucratie, la multiplication des lois et des restrictions, la police de plus en plus tracassière et la montée d'une criminalité de mieux en mieux organisée.

La technologie ambiguë

Nous avons plus de moyens pour nous détendre et nous pacifier sans être pour autant plus apaisés. Nous disposons de plus d'information sans nous connaître suffisamment pour nous accepter tels que nous sommes. Et nous nageons dans une mer de connaissances et d'outils psychologiques, sans être davantage autonomes d'esprit, en croissance ou capables de vivre au présent. Nous sommes submergés par la surabondance technologique qui, pourtant, n'a pas su combler nos rêves de bonheur, de paix et de liberté.

Après tout, ce n'est peut-être pas le progrès technologique qui est le signe d'un avancement véritablement humain. On peut davantage mesurer celui-ci à notre tolérance, à notre respect de nous-mêmes et des autres, à notre capacité de partager notre surplus et de vivre en paix. Ces valeurs sont affaire non de quantité matérielle mais de qualité d'âme.

Mais si les machines, qui sont des créations de l'esprit humain, n'ont pas aidé celui-ci à avancer vers plus de fraternité et de paix, c'est que, par elles-mêmes, elles ne peuvent transformer ni libérer l'Homme. Considérer la machine comme notre sauveur, notre libérateur ou notre supérieur est sans doute l'illusion majeure des temps actuels.

Il suffit de considérer un instant les civilisations qui sont demeurées presque intactes — les peuples d'Amazonie et des îles du Pacifique, les Bushmen de l'Afrique ou les indigènes d'Australie — qui n'utilisent guère notre technologie, ce qui ne les empêche pas d'être profondément humains, accordés à la nature et satisfaits de leur sort. Il suffit de se rappeler comment étaient naguère les nations indigènes des Amériques avant d'être corrompues par la civilisation européenne; sans être plus parfaites que d'autres, elles étaient mentalement plus saines, plus apaisées et plus près de leur âme que les peuples de l'Europe. Nous vivons dans la surabondance matérielle, qui, à côté de leur dénuement, apparaît comme une pauvreté de cœur et d'esprit.

On n'a qu'à parcourir un magasin à grande surface — Wal-Mart, Zellers, Canadian Tire, Maxi ou Loblaws — pour se rendre compte que l'extrême surabondance d'instruments, de vêtements et d'aliments à notre disposition ne nous aide pas à nous sentir moins seuls, à mieux nous comprendre ou à nous accepter nous-mêmes, ni à saisir le sens de notre vie — encore moins, à ressentir plus de compassion pour les autres. Cette pollution surabondante ne fait que gaver nos appétits avides et affaiblir notre capacité d'écoute. Nous sommes avalés tout rond par le Moloch* technologique.

Comme dans le film *Metropolis*, nous avons vendu notre âme à la machine, pour un rêve de pouvoir et de liberté. Mais c'est dans le domaine des engins électroniques que l'humain a poussé le plus loin son mythe de la machine messianique, celle qui pouvait ou devait nous libérer de nos limites, c'est-à-dire de ce qui fait justement de nous des êtres humains.

La machine comme nouveau messie

Le rêve d'unification

L'idée d'un réseau pouvant unifier le monde remonte loin dans le temps. On en trouve déjà des traces dans l'école de Pythagore et dans l'imaginaire Atlantide évoquée par Platon. Plus tard, les chrétiens ont semé l'idée de fraternité par la voie des monastères et celle de religion mondiale par le moyen des missions. Ensuite,

---

* Le dieu auquel on sacrifie ses enfants.

divers visionnaires ont inventé des sociétés idéales appelées *utopies* (qui, selon l'étymologie, n'existent *nulle part*): Thomas More, Rabelais, Kropotkine, Tolstoï, H.G. Wells, Aurobindo Ghose (Auroville), Paolo Soleri (Arcologies) et Gerard O'Neill (colonies dans l'espace).

Et, dans un tout autre domaine, à l'aube du XXe siècle, le communisme, mythe socio-politico-religieux, a tenté de rassembler le monde entier. À l'image du christianisme, ce mythe favorisait la structure pyramidale aux dépens de la démocratie et prétendait, comme le christianisme, être un mouvement au service du peuple — «ouvriers du monde», «peuple de Dieu». C'est en fait à cause de leur mépris de la démocratie que les religions, tant révélées qu'idéologiques, se sont avérées un échec.

Une science visionnaire

On aurait donc pu croire qu'après la déconfiture de ces pouvoirs, le rêve unificateur lui-même allait sombrer dans l'oubli ou perdre de son élan. Mais non: il revenait à la science laïque et matérialiste, par sa vigueur intellectuelle et ses applications technologiques, de tenter sérieusement d'unifier le monde entier. Le mouvement a pris son élan dans la création du chemin de fer qui devait enlacer le monde et conduire ainsi les nations vers une communication universelle. «Chaque kilomètre de rail fait avancer la démocratie», proclamait en 1832 le polytechnicien Michel Chevalier. Dès le début, la locomotive était perçue en effet comme un véritable messie qui allait apporter bonheur et abondance.

Le XXe siècle allait ainsi déclencher une cascade d'inventions qui rejoindraient de plus en plus d'humains au moyen de réseaux de plus en plus étendus et immatériels:

• le téléphone et le câble sous-marin qui, en 1855, enflammaient Victor Hugo: «Le prodigieux fil électrique qui rattachera les continents aux continents par l'idée devenue éclair, et qui fera du globe un cœur énorme…»;

• l'avion — du courrier, du commerce et du tourisme;

• la radio, la télévision, la fibre optique, le télex, le télécopieur, qui allaient déboucher sur l'ordinateur à usage personnel et, finalement, sur le réseau Internet, comme autant de fleuves sur la mer de la communication.

De plus, à mesure que ces instruments se développaient, temps et espace se contractaient. Il était naturel de penser que, du même coup, les gens allaient davantage se parler, se connaître et s'entendre, suscitant une montée d'esprit démocratique: «Avec l'espoir de communion instantanée de la grande famille humaine s'est renouvelée, à chaque génération technique, la croyance selon laquelle les grands déséquilibres sociaux du globe se dissoudraient dans l'univers des réseaux[2]», conclut Armant Mattelart.

Plus près de nous, Marshall McLuhan prédisait, au cours du nouvel âge, que la planète serait transformée par la communication électronique en village global où «l'information instantanée allait créer un engagement en profondeur de tout le monde». Au même moment, le grand prêtre de l'intelligence artificielle, Marvin Minsky, déclarait ce qui suit: «D'ici huit ans, nous aurons une machine douée de l'intelligence d'un homme moyen — capable de lire Shakespeare, de réparer une auto, de participer à la politique, de raconter une blague et de se battre[3].»

D'autres futurologues, tel John Naisbitt (*Megatrends*), affirmaient que «l'ordinateur écraserait la pyramide féodale pour rétablir la communication horizontale[4]». Selon lui, le vrai pouvoir n'était pas l'argent aux mains d'une poignée mais l'information aux mains de la masse. Weizenbaum, un des grands prophètes de cette nouvelle révolution, écrivait: «Dans moins de 25 ans, nous serons capables de remplacer par la machine toutes les fonctions humaines, même les émotions, les attitudes et les valeurs[5].» (Cette mystique allait aussi déclencher une énorme quantité de romans, de bd et de films de science-fiction.)

Enfin, communication et démocratie se joindront pour former un rêve unique et universel! En effet, comme un contrôle complet des médias est devenu tout à fait impossible, on cherche maintenant à établir des contacts avec les communautés électroniques composées de jeunes familiarisés avec les nouvelles technologies, de sorte que chaque citoyen soit capable, par le réseau Internet, de communiquer avec ses compatriotes et de les mobiliser. Justement, comme nous l'apprend le *Courrier International* du 23 août 2001, la Toile sera de plus en plus politisée: «Le site spécialisé *Politics Online* — qui fournit des outils et des services pour un usage efficace du Net dans le domaine politique — a annoncé dans son *Rapport spécial 2001 sur Internet et la politique*, qu'il faut s'attendre que le Net soit de plus en plus utilisé au niveau international au cours des années à venir[6].»

Gouverner ne consistera plus en un processus de décisions à sens unique, du sommet à la base, puisque la «base» sera en mesure d'exercer une pression considérable en raison de ses possibilités d'accès aux données vitales. Cependant, on reconnaît que l'usage de la technologie est une affaire entre l'homme et la machine. «Et celui qui contrôle les choses, c'est l'homme», dit M. Javier, directeur de la Reforma Politika des Philippines. Pour lui, la technologie accomplira seulement ce qu'on lui demandera de faire. Et il est toujours possible que l'homme qui lui donne des ordres soit corrompu…

Le monde branché

L'ordinateur: les cellules de l'information

Les dictionnaires nous décrivent l'ordinateur comme une machine électronique obéissant à des programmes formés par des opérations arithmétiques et logiques. Ces programmes sont écrits dans un langage que l'ordinateur peut traduire en une série d'instructions élémentaires — zéro ou un, oui ou non, pile ou face, ouvert ou fermé. L'ordi peut aussi ordonner les connaissances engrangées, les classer, les trier, les rechercher et les éditer quasi instantanément. C'est en effet la rapidité et la précision de ces machines qui les distinguent de tout ce que l'humain avait jusqu'ici pu créer, et qui dépassent infiniment les capacités de calcul et de computation de l'humain le plus brillant. De plus, dans les dernières années, des conducteurs hautement miniaturisés ont permis de compacter le stockage des données informatiques, réduisant ainsi la taille de l'ordi et lui permettant d'être facile à transporter.

Ce qui entre dans l'ordi s'appelle de l'information. Celle-ci s'emmagasine dans les cellules de silicone suivant un système binaire. Au fond, l'information dont il est question n'est qu'une série de un et de zéro arrangés de façon à créer un sens *pour le programmeur*, non pour la machine elle-même, qui n'en sait absolument rien, puisqu'il n'y a pas de pensée dans les circuits — seulement des *bits*.

Du fait que l'ordi ne fonctionne qu'avec des données informatiques qu'on lui a programmées à l'avance, tout ce qu'il peut faire, c'est simuler les fonctions et les actions humaines. La différence entre information (stockage des données) et intelligence ou conscience (compréhension des données) peut être illustrée par un exemple. Un morceau de papier a des propriétés chimiques indépendantes d'un observateur, mais le morceau de papier qu'est un dollar n'a de valeur que pour un observateur. Le sens du papier est changé dès qu'il s'établit un lien entre sa «valeur financière» et l'observateur conscient qui la reconnaît. De la même façon, un ordi n'a pas de contenu intérieur comme en a le cerveau, il n'a de contenu qu'extérieur — celui qui lui a été donné par le programmeur. Ce n'est donc pas l'ordi qui pense, mais l'usager qui pense en se servant de lui.

Ainsi, la machine a besoin d'un humain pour exister et pour avoir un sens, alors qu'un humain n'a pas besoin d'un autre observateur ou d'une machine pour savoir qu'il existe et qu'il pense. Le fait d'être conscient n'est pas perceptible de l'extérieur. Voilà, du reste, pourquoi la science n'arrive pas à rencontrer la pensée dans le cerveau et ne peut connaître celui-ci que de l'extérieur, comme une masse matérielle émettant des ondes électriques sans contenu intellectuel.

La connaissance simulée

La presse et les apôtres de l'intelligence artificielle ont fait leurs choux gras de la victoire de *Deep Blue* sur le champion aux échecs, Kasparov. Mais ce qui s'est réellement passé est beaucoup plus modeste et pas romantique pour un *bit*!

L'ordi contient un ensemble de symboles sans signification que les programmeurs utilisent pour représenter les positions des pièces sur l'échiquier. Il contient également un paquet de symboles, aussi sans signification, que les programmeurs utilisent pour représenter les mouvements possibles. L'ordi ne sait pas que les symboles représentent des pièces d'échecs et des mouvements de pièces, car il ne sait rien. Quant à lui, les symboles pourraient aussi bien être utilisés pour représenter des jeux de base-ball, des pas de danse, des numéros ou rien du tout. L'ordi ne «pense» pas échecs. Il n'a aucune façon de «savoir» que ces symboles représentent des positions sur l'échiquier. Il ne «pense» pas davantage à des chiffres, car il n'a aucun moyen de «savoir» que les symboles utilisés signifient des valeurs numériques. Ces symboles ont un sens pour nous parce que nous avons bâti et programmé l'ordi de sorte qu'il puisse manipuler des symboles d'une façon qui ait du sens pour NOUS. Nous utilisons donc les symboles de l'ordi pour représenter les positions sur l'échiquier et les mouvements d'échecs[7].

L'ordi n'a absolument aucune intelligence, pas plus que mon tracteur. Le mot «intelligence» est utilisé abusivement comme s'il avait le même sens que chez l'Homme. Il serait plus juste d'appeler cela «connaissance simulée», car ce qu'on appelle «intelligence artificielle» n'est que cela. Il n'y a pas de petit bonhomme à l'intérieur qui sait ou qui pense. Pas plus qu'un ascenseur n'a l'«intelligence» de nous monter ou de nous descendre à la simple pression d'un bouton

— même si nous en parlons comme s'il était quelqu'un.

Les programmeurs et, surtout, les producteurs d'engins électroniques nous ont bien eus: leur propagande qui parle d'une machine à penser dépassant l'intelligence humaine a bien réussi.

Le problème de l'expression «intelligence artificielle» nous fait croire que la machine peut, tout comme le cerveau, produire une pensée immatérielle. Mais c'est un processus que même l'Homme ne comprend pas. Pour faire faire cela à une machine, il nous faudrait savoir tout d'abord comment nous le faisons nous-mêmes.

La question de la prétendue «intelligence» des machines montre combien est limitée la logique mathématique employée dans la programmation d'un ordi, comparée à la conscience créatrice et libre de l'être humain agissant dans le monde réel. En effet, l'esprit humain est proprement inconnaissable. Lorsque nous tentons de percer les idées pour y saisir le jeu furtif de l'expérience, de la mémoire et de l'intuition qui apparaît comme une seule pensée dans la conscience, nous sommes confondus, étourdis. Concevoir une idée est si spontané que cela défie toute saisie, toute analyse, toute reproduction.

Aucun ordi ne connaît la créativité instantanée ou l'idée originale. Il ne pourrait, par exemple, résoudre le conflit en Yougoslavie, en Irlande, en Israël ou en Afrique. Il ne pourrait davantage résoudre le problème de la violence aux États-Unis ni de leur imbroglio racial. L'ordi ne peut même pas savoir comment résoudre son propre problème touchant la longévité de ses données enregistrées (20 ans).

La simulation et la réalité

La carte n'est pas le territoire;
le menu n'est pas le repas.

On peut programmer un ordi pour qu'il dise «je suis conscient» sans qu'il le soit. On peut même lui faire faire des discussions sur sa «conscience». Mais cela n'a rien à voir avec la réalité. On demeure toujours dans le virtuel, qui tente d'imiter le réel. En revanche, le cerveau humain produit de la conscience par une série de processus neurobiologiques précis qui résistent à l'analyse.

On n'effectue pas une digestion en faisant en sorte que l'ordi reproduise mécaniquement les actes de la digestion. Personne ne croit que si nous avions une simulation informatique parfaite, nous pourrions mettre une vraie pizza dans l'ordi et qu'il la digérerait. Il ne pourrait «digérer» qu'une IMAGE électronique de la pizza!

Il suffit de se rapporter aux exercices simulés des apprentis pilotes pour se préparer à faire face aux difficultés du vol réel, ou encore à la simulation d'un espace où l'on se promène au moyen d'un appareil sophistiqué: il ne s'agit évidemment pas de véritables déplacements. «L'internaute, dit Jacques Godbout, n'est pas celui qui voyage, mais un individu vissé à son siège; le cyberespace n'est pas un espace, mais un vide sidéral dans lequel se promènent des électrons; le iBook n'est pas un livre, mais un super-dactylographe dont le logiciel nous impose sa logique[8].»

La simulation a lieu dans le monde virtuel, alors que le vol, la digestion et le déplacement physique se passent dans un monde réel. Il y a entre simulation et réalité un abîme infranchissable par la machine, comme il y a abîme entre une idée et sa réalisation, que seul un cerveau humain saurait franchir.

En confondant simulation et réalité, nous embrouillons notre conception de l'intelligence et de la vraie connaissance, et nous nous assimilons graduellement à une machine. Surtout, nous oublions que la machine n'existe toujours que par nous. Cette attitude négligente rend notre cerveau de plus en plus paresseux.

L'intelligence humaine

L'incapacité de la science de saisir l'esprit apparaît dans l'échec de l'intelligence artificielle, cette tentative de créer des ordinateurs qui puissent mimer la pensée humaine.

John Horton

L'intelligence humaine inclut l'idée, la mémoire, le jugement, l'analyse et l'expérience. Et c'est la conscience de l'individu qui allume cet ensemble et l'intègre en un acte défiant l'analyse: je suis/je pense/je veux. Des idées nouvelles, comme celle de la gravité pour expliquer à la fois la chute d'une pomme et l'attraction lunaire, ou celle du *New Deal* de Roosevelt, ou encore de la *Cinquième* de Beethoven, sont à la fois spontanées, imprévisibles et entières. L'intelligence humaine ne vient pas d'un calcul mathématique ou d'une accumulation de faits: elle surgit toute vivante dans l'esprit, comme une intuition inimitable. (Les faits peuvent même être là alors que l'intelligence n'en trouve le sens qu'après coup, comme ce fut le cas pour le fameux *eurêka* d'Archimède.)

Alors qu'une machine électronique est un assemblage de pièces, la conscience n'a pas de parties; elle existe d'une seule pièce, plus encore qu'un corps inerte, qui n'est après tout qu'un rassemblement d'organes.

Plus c'est simple et spontané, moins la machine peut l'imiter.

Pour autant qu'on le sache, penser avec des concepts ou être conscient que l'on connaît, sont des capacités qui n'appartiennent qu'aux êtres humains. Nous savons que nous existons, mais sans pouvoir le prouver à quelqu'un d'autre. Nous pensons sans savoir comment nous faisons pour nous rappeler, pour bouger, pour prendre une décision ou pour tomber amoureux. Il nous serait donc impossible d'inventer une machine qui sache penser comme nous et, encore plus, qui en soit consciente. L'intelligence ou la conscience d'un humain n'est pas transmissible à un autre et elle l'est encore moins à un animal. Mais croire qu'elle puisse être transmise à un ensemble de cellules de silicone, c'est de la pure sottise!

Cela ne signifie pas, bien sûr, que je puisse prouver que l'ordi n'est pas conscient, pas plus que je ne saurais prouver que la chaise sur laquelle je suis assis ne l'est pas. Mais ce qui est évident et n'a pas besoin de preuves, c'est que la chaise et la machine ne possèdent pas l'appareil neurobiologique nécessaire pour produire la pensée — autrement nous le saurions, puisque c'est nous-mêmes qui l'aurions placé là.

Une valeur oubliée: la durée

Comme le dit Dominique Wolton, «assimiler une connaissance suppose une durée qui suit un rythme propre à chacun. Cela requiert une part d'oubli, de tri, de mise au repos, et consiste non dans l'assimilation des connaissances mais dans leur mise en rapport, qui passe par le filtre de l'expérience personnelle.

[...]

«L'information peut être rationalisée et stockée dans des bases de données, mais la connaissance est toujours qualitative et ne saurait être formatée.

«La vitesse procure l'illusion de pouvoir comprimer la durée et obtenir dans l'immédiat le fruit de la lente élaboration de l'expérience. *Mais il n'y a pas d'œuvre humaine ni de connaissance humaine sans durée.* Le temps gagné grâce à Internet, il faudra le reperdre pour préserver le lien social. En faisant perdre le sens de la durée, la vitesse des nouvelles technologies entretient un sentiment de toute-puissance et supprime le sens de l'effort.

«On s'imagine qu'en créant toujours plus d'interactivité, on éliminera les difficultés de compréhension mutuelle. *La communication comme capacité d'accueil et de compréhension reste à conquérir et réclame beaucoup de temps et de patience[9].*»

Pourtant, la journaliste Carole Beaulieu affirme que le temps qu'Internet fera gagner aux usagers leur permettra de profiter de la famille, des amis, du vin et des livres[10]. Mais on sait très bien que quelqu'un dont la mentalité est de toujours gagner plus de temps a déjà perdu la capacité d'apprécier vin et livres, pour la simple raison que l'habitude de tout faire vite et de vivre pressé empêche ensuite de pouvoir vivre lentement et au présent: on ne change pas ainsi de vitesse dans la vie comme dans une auto!

Le contrôle et la liberté

La technologie informatique est née de la nécessité militaire américaine et elle a fait partie de la machine de guerre depuis le début du deuxième conflit mondial. Cela signifie qu'elle est surtout et tout d'abord un moyen de *contrôle*: l'idée de la communication n'est finalement qu'un écran. Ainsi, le réseau Internet, qui passe pour rassembleur universel, est en fait la meilleure façon de fractionner la population, en atteignant chacun individuellement et directement, le rendant ainsi plus dépendant, plus influençable!

«La défense américaine assujettit la science informatique aux besoins militaires aussi complètement que la physique nucléaire, l'aéronautique et la technologie des roquettes lui furent subordonnées dans les années 40[11]», affirme Jonathan Jocky.

Désormais, les guerres entre peuples seront menées à coup de chiffres traités à froid et instantanément par l'entremise des cellules de silicone d'une machine. Elles ressembleront à un jeu vidéo; assis sur un fauteuil bourré, un Coke à la main, on regardera s'accumuler sur l'écran victimes et ruines. (Pour ensuite lâcher un joli petit rot!)

En effet, comme le dit Ariel Dorfman, dans le *Village Voice* du 15 juin 1982: «Les accros de jeux vidéo qui laissent de côté leur sensibilité et leur morale pour éteindre sur l'écran les personnages sacrifiés, participant de la mentalité de nos militaires qui contemplent les massacres comme une "force de dissuasion", les cadavres comme des "statistiques", les 40 millions de morts comme une "victoire" et l'escalade permanente comme "la paix".»

«Les jeux vidéo sont clairement dominés par la compétition sans pitié et l'intention de détruire. Gagner est ce qui compte, tuer est ce qui est valorisé. De plus, la plupart des jeux sont nettement sexistes[12].» Car, nous rappelle Jacques Godbout, «l'utilisation première des nouvelles technologies et la plus importante, reste la pornographie [...][13]».

Quelque chose de très grand, de nouveau et de menaçant est en train d'imprégner notre vie politique. Cette menace utilise l'ordi comme véhicule, mais ce qui importe plus que l'instrument, c'est la mentalité qui est derrière. Tout ce que les banques de données cherchent, ce sont des données du niveau le plus bas: des faits simples, atomisés. Il s'agit de réduire les gens à des squelettes statistiques que l'on peut évaluer rapidement: nom, numéro de sécurité sociale, bilan bancaire, dettes, crédit, salaire, impôts, arrestations. Pas d'ambiguïtés, de subtilités, de complications. En somme, tout ce qu'on exigerait sur les plans commercial et légal. Voilà enfin l'être humain ramené à des nombres binaires: fermé/ouvert, oui/non, un/zéro.

Le contrôle par la «transparence»

C'est sous Reagan que le service de revenu fédéral a commencé à utiliser des données privées, comme les comptes en banque, dans le but d'attraper ceux qui évitaient l'impôt. Les gouvernements possèdent de plus en plus de données sur leurs citoyens, alors que ceux-ci se voient de plus en plus refuser l'accès aux secrets des gouvernements. Aux États-Unis seulement, les agences fédérales telles que les départements du commerce, de la défense et de la sécurité sociale cachent quelque 4 milliards de dossiers sur le public américain (contenus dans plus de 20 000 ordinateurs). Jamais dans toute l'histoire la vie individuelle n'a été plus fouillée et connue par l'État, qui est devenu le plus grand voyeur — pour notre bien, évidemment!

L'agent de circulation qui arrête un chauffeur peut en un instant lui décliner toute sa vie — emprunts, aide sociale, famille, emplois, renvois, comptes en banque, hypothèques. L'individu est devenu de plus en plus transparent aux puissances contrôlantes, qui deviennent de plus en plus impénétrables, à l'instar des mafias.

La vente de renseignements

Le département du commerce américain vend des données de recension aux compagnies de marketing, de sorte qu'aujourd'hui une centaine d'agences fédérales partagent des données secrètes avec sept compagnies de crédit de même qu'avec tout le réseau bancaire. C'est le cas de dire que la toile mondiale d'Internet permet une communication universelle, puisque tous les secrets intimes de notre vie personnelle sont étalés, utilisés et même tarifiés! Ces données sont également accessibles à tous les pirates informatiques ainsi qu'aux huit mafias qui enveloppent le monde comme une grande toile — sicilienne, italo-américaine, chinoise, colombienne, russe, turque, mexicaine, japonaise…

Surveillés par des machines pleines
de grâce aimante

J'aime penser (et
le plus tôt le mieux!)
à un pré cybernétique
où mammifères et ordinateurs
vivent ensemble dans une harmonie
mutuelle programmée
comme l'eau pure
touchant le ciel clair.

J'aime penser
(à l'instant, s'il vous plaît!)
à une forêt cybernétique
remplie de pins et d'informatique
où les cerfs déambulent paisiblement
parmi les ordinateurs
comme s'ils étaient des fleurs
aux corolles tournoyantes.

J'aime penser
(il faut que ça arrive!)
à une écologie cybernétique
où nous sommes libres de nos travaux
et reliés de nouveau à la nature,
revenus à notre vraie famille
tous suivis de près par
des machines pleines de grâce aimante.

Richard Brantigan[14]

Le pouvoir magique

On s'assoit devant un écran brillant, frappant des clés, voyant des choses étonnantes passer sur l'écran à la vitesse de la lumière. Mots, images, dessins semblent naître du néant. Comme un enfant, on commence de nouveau à croire à la magie. Surgit alors un sentiment de pouvoir intoxiquant. Voyez-vous ça? On a à sa portée la culture de la planète entière! Les bases de données, les bibliothèques, les archives, les musées, les bulletins de nouvelles, les numéros téléphoniques, les télécopieurs, tous sont réunis dans une seule boîte. On est en plein conte de fées, c'est la lampe d'Aladin qu'il s'agit de simplement frotter pour voir apparaître un djinn prêt à satisfaire tous ses désirs. Un fantasme d'omniscience et d'omnipotence.

Et si la lampe d'Aladin s'avérait être une boîte de Pandore, d'où sortirait les choses les moins désirables?

L'instabilité de l'ordi

Les ordis peuvent perdre leur mémoire. Ils vieillissent rapidement pendant que des générations d'innovations se remplacent. Les choses en plastique se détériorent et les particules magnétiques émigrent.

Le nouvel *hardware* ne peut pas toujours lire le vieux *software*. La NASA possède 20 000 bobines de 7-pistes qui ne peuvent être lues que par un *drive* de 7-*tracks*. En 1992, lorsque son dernier 7-*track drive* a lâché, la NASA n'en a trouvé qu'un seul pour le remplacer[15].

De son côté, le Massachusetts Institute of Technology (MIT) a en sa possession une montagne de bobines contenant de la recherche et du courriel personnel qui remontent aux années 60. Ces bobines sont encore intactes, mais à l'avenir, aucun ordi sur le campus ne saurait les lire. En Grande-Bretagne également, le réseau électrique est encore dirigé par le vieil ordi Ferranti Argus 500. Le *software* qu'il utilise est écrit dans un langage qui, en 1993, ne pouvait être compris que par un seul programmeur survivant qui en avait fait sa spécialité.

Dans les années 80, une étude du National Research Council des États-Unis concluait que tout ce qui est confié à un médium électronique, même les disquettes optiques, ne peut fonctionner que durant 20 ans, avant d'être remplacé par une nouvelle technologie. Or, on ne peut se fier aux instruments électroniques eux-mêmes pour résoudre les problèmes de conservation, puisque c'est dans la nature de ces instruments de causer ces problèmes[16].

Pourtant, les vieux bouquins, les dossiers et les archives de papier — surtout si le papier a été désacidifié — peuvent encore être consultés des dizaines, des centaines d'années plus tard.

L'isolement des individus

«Je suis persuadé, écrit Jacques Godbout, que le capitalisme utilise les nouvelles technologies pour isoler les personnes et mieux les exploiter. Je n'aime pas être exploité. Je constate qu'on veut modifier nos comportements.

«[...] Les commerçants sont astucieux: au nom de la culture, ils vous vendront un ordi en vous parlant de l'accès aux bibliothèques du monde entier, quand tout ce qu'ils ont en tête, c'est le téléachat. Dominique Wolton rappelle qu'il ne suffit pas d'accéder à la grande bibliothèque de France, il faut savoir ce qu'on y cherche. Le même terminal, le même clavier pour les jeux, la porno, le téléachat, le savoir[17].»

La liberté par Internet?

«Les milliers d'inventions électroniques qui nous sont offertes n'augmentent pas la liberté, au contraire. Je me refuse à être prisonnier d'un téléphone cellulaire, surveillé par des mouchards, sonné à tout moment comme un *butler* par un téléavertisseur, sollicité à tort et à travers par des courriels inutiles, pressé de respecter des échéances de plus en plus serrées, les yeux épuisés par la lecture d'écrans cathodiques, forcé à parler à des menus plutôt qu'à des téléphonistes. Je veux vivre, je n'ai rien contre la vitesse, mais je sais que le temps et même la lenteur sont porteurs de sagesse.

«S'il faut, pour rester humain, refuser de se brancher (sauf par nécessité), j'accepte cette situation en toute conscience et je vous laisse le multimédia en vous souhaitant bien du bonheur.»

Jacques Godbout[18]

Quand je regarde ma bibliothèque, que je me rappelle tous les musées visités, les grandes œuvres de musique écoutées et les découvertes scientifiques répertoriées depuis le XVIe siècle, je constate avec étonnement que l'esprit humain a réalisé tout cela sans l'aide de l'ordi ou d'Internet. Non seulement les œuvres les plus grandes ont été faites par l'esprit humain avec des instruments souvent très frustres — que l'on songe aux sculpteurs et aux constructeurs de l'Égypte ancienne, de l'Antiquité grecque et des Mayas –, mais *ni l'ordinateur ni le réseau Internet ne nous rendent plus créateurs, plus équilibrés, plus capables de jugement, de compréhension mutuelle ou de compassion pour les faibles et les démunis.*

La machine ne peut libérer l'Homme ni même le faire croître spirituellement. C'est plutôt l'Homme qui, tout en se servant de la machine, doit apprendre à rester libre à son égard. Dans ce sens, elle lui permet d'apprendre une leçon, si l'Homme est assez sage pour la reconnaître. Mais en soi, la machine ne contribue pas à le rendre libre, elle ne fait que rendre son *activité* plus facile et efficace.

L'envoûtement mondial

Plusieurs créateurs, programmeurs et vendeurs de machines électroniques se présentent comme des marchands de bonheur, de libération et de transformation radicale. Mais c'est mal connaître l'Homme, qui n'en est pas à sa première valse messianique! Nous avons connu la fièvre du chemin de fer, l'émerveillement du téléphone et de l'auto, l'emballement de la radio (voir le film *Radio Days* de Woody Allen), l'effervescence de la télé (toujours actuelle), l'idolâtrie du cinéma (toujours présente), l'éblouissement des voyages dans l'espace, l'envoûtement de l'ordinateur et, finalement, le *standing ovation* orgastique devant Internet, chacune de ces inventions se relayant pour annoncer toujours la même promesse jamais réalisée: la solution est arrivée, vous allez enfin connaître le bonheur, la liberté, l'abondance, la satisfaction de tous vos rêves, en plus d'un loisir infini, la fin de tout conflit et de toute souffrance. Et vous vous retrouverez dans une belle grande famille heureuse et unie!

Mais le monde n'a pas changé: il n'a que plus de moyens de se rencontrer et de se comprendre, mais également de se diviser, de se détruire, de se faire souffrir. Aucune transformation ne peut se faire de l'extérieur et l'individu le plus entouré d'instruments, d'outils et de machines est demeuré un enfant entouré de ses jouets.

C'est la même histoire qui se répète, celle du coup de foudre suivi de la peine d'amour. Quand cesserons-nous de croire aux messies, de nous laisser envoûter par les propagandes et les promesses de salut éternel? Quand sortirons-nous enfin du virtuel pour accepter la réalité dans toutes ses possibilités et ses exigences?

À quand l'âge adulte de l'Homme?

Notes

1. *In* Theodore Roszak, *The Cult of Information*, Berkeley, University of California Press, 1986, p. 198.

2. «L'utopie du réseau mondial», *Le Nouvel Observateur*, mars-avril 2001, p. 18.

3. *Life*, n° 20, 1970. (Traduction libre)

4. Roszak, *id.*, p. 101.

5. Weizenbaum, *Computer Power and Human Reason*, cité dans Roszak, *id.*, p. 223.

6. *Courrier International*, 21 août 2001, p. 33.

7. Tiré de l'article de John Searle, «I Married a Computer», *NY Times Review of Books*, April 8, 1999, p. 34.

8. Jacques Godbout, «Le bonheur n'est pas dans le cyberespace», *L'actualité*, février 2001, p. 42.

9. Dominique Wolton, «La fuite dans le virtuel», *Le Nouvel Observateur*, mars-avril 2001, p. 22-23. (L'italique est de moi.)

10. Carole Beaulieu, *L'actualité*, février 2001, p. 11.

11. Jonathan Jocky, «The Star Wars Defense Won't Compute», *Atlantic*, juin 1985. (Traduction libre)

12. *In* Roszak, *id.*, p. 119.

13. Jacques Godbout, *id.*, p. 42.

14. Richard Brantigan, cité dans Roszak, *id.*, p. 147.

15. Roszak, *id.*, p. 194.

16. *Id.*, p. 195.

17. Jacques Godbout, *ibid.*

18. *Ibid.*

CHAPITRE

6

LES LOIS DE L'UNIVERS

Si l'on veut faire quelques pas vers un peu de liberté, il faut, en plus de reconnaître, chacun pour soi, les illusions de liberté qu'on se fabrique et qu'on entretient avec complaisance, regarder plus loin et plus en profondeur.

Avant comme après la rencontre des pseudo-libérateurs — le rêve américain, la religion, la science et la machine —, nous demeurons tous assujettis aux lois de l'Univers, de notre nature ainsi qu'aux contraintes de la société qui nous entoure.

Il n'y a de liberté que dans les chaînes reconnues et acceptées, tout acte libre étant impensable sans une certaine forme de responsabilité.

«L'homme est né libre, partout il est enchaîné» proclamait Rousseau. C'est là une vision adolescente de la liberté. Selon moi, il n'est pas né libre, mais peut le devenir et c'est enchaîné qu'il le deviendra. Ce n'est pas la société qui l'enchaîne, mais les conditions de la vie, de la nature et de l'Univers qui l'entoure.

Le monde physique

Les lois de l'Univers peuvent être perçues comme des principes fondamentaux, des constantes ou des faits de nature. Certains savants ont même prétendu qu'il ne s'agissait pas de lois mais d'habitudes de comportement.

L'autonomie de l'Univers

Le monde physique existe indépendamment de l'humain et sans que celui-ci puisse en comprendre la source, le pourquoi ou le destin. Il suit son cours sans référence à notre volonté ni à nos projets, et s'il nous contrarie, cela n'est dû qu'à notre réaction, et non pas à un dessein intentionnel de sa part. Son autonomie et son destin inconnaissable font que l'Univers n'est pas soumis à nos prières ni à nos plaintes. Prier pour la pluie est à la fois puéril et inefficace; c'est ce qui fait dire que l'Univers est froid, inhumain et brutal; mais c'est notre frilosité et notre narcissisme qui inventent ces idées. Et puis, l'Univers n'en est aucunement touché!

Quant à la nature qui a existé avant l'Homme — la matière, les plantes, les éléments, les animaux et les insectes —, elle n'avait pas besoin des humains pour exister et reprendra sa place après la disparition de ces derniers. La sagesse des vivants autres que l'Homme précède donc la sagesse humaine; elle annonce celle qui se cache au fond de l'Homme. Celui-ci pourrait, s'il savait l'écouter, devenir aussi noble, intégré et harmonisé que les autres vivants.

L'unité de l'Univers

L'Univers forme un ensemble indissociable qui comprend autant de diversité et de conflits que de ressemblances et d'intercommunications. C'est même la situation conflictuelle des contrastes et des différences qui maintient l'Univers dans un ordre dynamique toujours renouvelé, toujours en équilibre. Le couple mangeur/mangé établit un équilibre parmi les races animales de même qu'entre animaux et plantes, plantes et insectes et, finalement, entre plantes, insectes, animaux et humains. Chaque vivant se nourrit de vivant: plante, insecte, animal. On ne peut rester en vie qu'en détruisant de la vie pour la consommer. Même les végétariens n'échappent pas à cette règle: les légumes ne peuvent être consommés que s'ils ont été arrachés de la terre, donc coupés de leur source de vie. Mais comme il n'y a pas de sang ni de cri, certains d'entre eux se gaussent d'échapper au principe et d'être plus humains ou vertueux que les carnivores.

Les pôles opposés et complémentaires

Dans le domaine de la matière — l'électricité, la lumière, les atomes, les cellules, les éléments et les corps en général —, tout existe en fonction d'opposés. Là où il y a de la lumière, il y a de l'ombre; c'est la même chose pour le froid et le chaud, le fort et le faible, le dominant et le dominé, le mâle et la femelle, la face et le verso, la mort et la vie. Cette réalité est bien exprimée par le symbole taoïste du taï chi*, créé il y a quelque 1000 ans avant notre ère, mais elle est si intégrée dans les choses et dans nos vies qu'elle passe inaperçue. Les pôles sont toujours en rapport avec leur complément — ils n'existent pas sans celui-ci, dont ils demeurent cependant toujours distincts. Ainsi, le masculin ne sera jamais le féminin, tout en étant tous deux mutuellement attirés et opposés. C'est l'histoire non seulement de la fécondité universelle, mais aussi des amours et des grands remous historiques.

L'impermanence de toutes choses

Toute manifestation physique (les corps) et psychique (les esprits) change constamment. Rien ne s'arrête ni ne se répète; tout se défait pour renaître autrement, sous une autre forme, parfois méconnaissable. Non seulement tout change mais, à long terme, le déroulement du monde physique est imprévisible. La nature des choses est trop spontanée pour être prévisible et trop complexe pour être comprise. Cette situation s'applique également au monde humain, aux États et aux civilisations.

---

* Il s'agit d'un cercle embrassant les pôles, opposés mais complémentaires, appelés yin (ombre) et yang (lumière).

L'impermanence des choses humaines a été mise en relief par le Bouddha et le philosophe grec Héraclite, qui ont vécu vers le ve siècle avant notre ère. Le Bouddha déclarait que le monde était régi par trois conditions fondamentales: l'impermanence, la frustration et l'absence de je personnel.

C'est le principe d'impermanence qui, au XIXe siècle, a été redécouvert par le physicien Claudius. Ce savant formula la loi d'entropie, stipulant que toute énergie/matière se dégrade avec le temps, autrement dit, dans le monde physique, le désordre l'emporte inexorablement sur l'ordre à mesure que se déroule le temps. Ainsi, l'ordre du monde se détruit par sa durée même. Cela touche également les corps vivants bien que, chez eux, il y ait un autre principe — l'organisation de la vie —, qui aille à l'encontre de l'entropie et qui permette aux vivants de durer pendant un certain temps. Car c'est par l'esprit que les corps vivants persistent.

Ce qui demeure inconnu

Pour nous humains, plusieurs choses demeurent des secrets inexplicables: la nature, l'être, le temps, le pourquoi et le comment de la vie, de la conscience, le sens de l'Univers et son origine. La science même ne peut dire ce qu'est l'électricité, la vie, l'énergie, la lumière, le temps; elle ne peut qu'en décrire les comportements et les composantes. Mais c'est surtout quand elle aborde l'intelligence humaine et son support, le cerveau, qu'elle s'avère complètement démunie, comme on l'a vu dans sa tentative de créer l'intelligence artificielle.

La solitude de la Terre

Une majorité de savants nous disent que, par sa composition, sa position et l'ensemble des conditions favorables à la vie intelligente de même qu'à la vie sous toutes ses formes, notre planète apparaît de plus en plus unique dans l'Univers, de sorte que la vie intelligente ne s'y trouverait que là. La rencontre avec les extraterrestres, si chers à des savants comme Carl Sagan et Frank Drake ainsi qu'à l'écrivain Isaac Asimov, qui avaient inspiré à la NASA la fondation de SETI — aujourd'hui discontinuée —, serait donc attribuable à une croyance plutôt qu'à l'esprit scientifique, comme c'est le cas dans la secte des raéliens et chez les accros de *E.T.*

La solitude de la Terre

La recette de la vie compte plusieurs ingré-
dients, dont seule la Terre a le secret:

- Un satellite juste de la bonne taille, juste
à la bonne distance. La Lune permet de
stabiliser l'orbite terrestre et de la maintenir inclinée à 22 degrés, une inclinaison
responsable des saisons bien tempérées.
Autrement, l'inclinaison aurait été chao-
tique. Pas de Lune, pas de vie;

- Un géant gazeux, Jupiter, sur une orbite
voisine. Par sa gravitation, il fait dévier
astéroïdes et comètes. Il a agi comme
«aspirateur», permettant à l'évolution de
se dérouler;

- Des océans juste assez profonds, qui —
fait extraordinaire — restent à l'état
liquide pendant des milliards d'années. Il
fallait des eaux tièdes, salées et peu pro-
fondes pour que la vie puisse paraître;

- Des proportions de carbone et d'oxy-
gène stabilisées à un niveau parfait,
sans quoi elles auraient causé des effets
pervers — bombardements de rayons
ultraviolets, effet de serre étouffant comme
sur Vénus;

- La distance parfaite de la Terre du Soleil,
sans quoi il n'y aurait pas eu d'eau à sa
surface: celle-ci aurait gelé ou se serait
évaporée. Et sans eau, pas de vie;

- Sans le Soleil, ni trop proche ni trop loin du centre de la Voie lactée, rien ne serait arrivé du point de vue biologique;
- Rien non plus sans la tectonique des plaques qui confère une «vie» aux formations rocheuses. C'est un mouvement unique à la Terre. La tectonique permet la stabilité climatique, favorise la biodiversité — un des facteurs les plus importants et les plus sous-estimés qui ont permis l'éclosion de la vie[1].

Le monde humain

Comme le monde humain est infiniment plus complexe que le monde de la matière, il est régi par des constantes plus nombreuses et plus subtiles.

Les couches d'énergie

L'humain est constitué de plusieurs couches d'énergie qui progressent en densité depuis le visible jusqu'à l'invisible:

- le corps physique avec ses sensations (visible);
- le champ émotif (invisible);

- le champ mental (invisible);

- la présence centrale de la conscience (l'âme invisible).

Ces couches s'emboîtent parfaitement, de sorte qu'une personne moyenne n'a guère conscience qu'elles existent: elle se considère comme un tout. Autrement dit, elle ne vit que dans le monde des apparences, puisqu'il n'y a que le corps matériel qui soit visible.

Le mental prétentieux

Le mental est porté à se croire le maître aussi longtemps que ses limites et son rôle second ne sont pas reconnus. Mais une fois remis à sa place, le mental peut assurer l'équilibre de l'individu et contribuer à sa croissance intérieure. C'est l'âme qui est au gouvernail, même si elle n'est guère reconnue avant que le mental ait retrouvé son rôle de serviteur. Cela peut prendre une bonne partie de la vie, et il n'est pas garanti que cela se réalise.

L'égocentrisme

Chaque individu ne cherche toujours que son bien et son plaisir. Il ne fait pas le mal pour le mal, mais pour en tirer un bien pour soi, même lorsqu'il se trompe quant à la réalité de ce dernier. Le meurtrier, en détruisant son ennemi, cherche son bien — la satisfaction, la vengeance, la supériorité. On s'autorisera d'autant plus de mal que le bien qui y est relié paraîtra plus grand. Ainsi, on massacrera volontiers au nom de Dieu, c'est-à-dire, au fond, au nom du plaisir qu'on trouve à écraser ou à détruire ceux qui résistent à nos prétentions et à notre fanatisme. Par conséquent, plus le bien paraîtra élevé, plus aussi pourra naître la corruption.

La croissance inévitable

La vie humaine est engagée irrésistiblement dans un dessein de croissance qui ne s'arrête pas. On est fait pour croître spirituellement — après que le corps est devenu adulte —, pour répondre pleinement à l'appel vers l'épanouissement, pour créer des liens, pour être fidèle à soi et pour contribuer ainsi à l'harmonie de la famille des vivants. Pourtant, un seul de ces accomplissements suffira à remplir une vie.

Toute expérience est leçon

Toute expérience, quelle qu'elle soit, constitue une leçon. Même nos erreurs sont des leçons: échecs ou réussites ne sont qu'instruments d'apprentissage et de croissance. Ce sont là nos vrais instructeurs. Pour l'âme, le succès ou l'échec ne signifient rien comme tels: c'est l'axe de croissance qui détermine la valeur d'une vie; ce par quoi on avance est secondaire.

Ainsi, même le crime et la prison qui suit peuvent servir de leçon à celui qui a commis le méfait; cette expérience peut même changer sa vie. Même chose pour l'alcoolisme ou l'habitude des drogues, une fois que ces dépendances sont reconnues. C'est la reconnaissance de soi et de ce que l'on fait qui nous permet de tirer des leçons. Et même si l'on croit que toute sa vie a été gâchée par une erreur ou une mauvaise conduite, la totalité reprend son sens dès qu'on reconnaît la situation et qu'on l'accepte. Le passé n'est racheté que par le fait qu'on se reconnaît. C'est cela qui permet de revenir au présent, où notre vie se retrouve dans sa totalité. Lorsqu'on arrive à pouvoir se dire «je m'accepte», toutes les erreurs et les fautes deviennent simplement des leçons qui nous font avancer.

Le test du plaisir

On croit habituellement que ce sont les épreuves qui nous enseignent des leçons. Mais les plaisirs sont des tests autant que leurs contraires.

L'épreuve ici vient de ce que nous nous cramponnions à ce qui plaît, fuyant et refusant tout ce qui nous contrarie et qui, cependant, nous rattrape toujours. À force de vivre dans ce qui plaît, on en devient dépendant. Le fait qu'on ne devienne guère accroché au déplaisir nous permet justement de savoir en tirer des leçons plus facilement. Mais, en soi, l'un n'est pas meilleur pour nous que l'autre: simplement, l'un est agréable et l'autre, désagréable. Au bout du compte, tout semble égalisé: on trouve que les blessures, maintenant guéries, ne sont pas moins utiles que les bonheurs. Tout semble intégré dans une aventure de croissance.

Les leçons répétées

Durant la vie, les obstacles, les personnes-pièges, les résistances, vont se présenter plusieurs fois, aussi longtemps que l'on n'aura pas appris la leçon que l'on est censé y apprendre. Par exemple, on sera constamment attiré par des manipulateurs, par des personnages dominants ou des êtres dépendants. Ou on tombera dans les mêmes traquenards — prêtant ou donnant trop facilement de l'argent, remettant toujours à plus tard, ne payant pas ses dettes ou s'endettant trop et trop souvent. Il se peut aussi que ces obstacles à franchir soient imputables à des habitudes acquises dans une vie antérieure que l'on a décidé de perdre cette fois-ci.

La frustration continue

Ce qui maintient dans la souffrance, c'est notre refus de la vie telle qu'elle est. On veut toujours imposer son scénario à la vie et se cramponner à l'acquis. En somme, ce qui fait souffrir, c'est notre refus de croître, de lâcher le connu, l'habitude, le passé. C'est vouloir avancer à reculons: être attaché au passé tout en voulant être libre.

En effet, ce qu'on craint le plus sur terre, c'est de croître. Pourtant, la vie nous apprend à vivre dans l'impermanence, à faire le deuil du vécu, pour vivre au présent, c'est-à-dire pour vivre enfin.

Le Bouddha, il y a 2500 ans, savait déjà que la vie est une suite de frustrations et que si on ne peut exister sans elles, on peut en être libre en les acceptant comme allant de soi.

La confiance dans la vie

L'espérance, qui est enseignée par les religions comme une vertu, empêche au contraire de faire confiance à la vie qui passe. C'est une fausse vision qui maintient dans une attitude de fuite et de déni. Comme on ne peut vivre que le moment présent, vouloir fuir dans le passé ou se projeter dans l'avenir, c'est simplement refuser la vie telle qu'elle est. Et toute fuite, comme tout déni, fait souffrir. Ce qui nous maintient dans la réalité, c'est la confiance dans la vie, non l'espoir d'une vie meilleure.

L'incontournable destin

Rien de ce qui arrive n'est un accident ou un hasard. Ce qui doit arriver dans notre vie n'est pas réglé tout d'abord par notre volonté, mais par le courant d'énergie qui sous-tend la vie. Projets et regrets ont peu de poids dans ce déroulement. En revanche, aucun des événements n'empêche l'âme d'apprendre, car son apprentissage se fait à même le courant de la vie — les expériences, les événements, les rencontres. Comme c'est l'âme qui, avant de s'incarner, choisit la vie qu'elle aura à vivre, elle ne peut blâmer personne pour son choix.

La nouveauté continuelle

Chacune de nos incarnations est unique, tout comme chaque journée et chaque expérience. Rien ne se répète. À cause de l'impermanence des choses, chaque vie est le chaînon dans une continuité: tout étant changement, rien ne sera jamais comme avant, selon l'expression courante.

C'est la continuité qui compte, non les événements en soi qui se succèdent; c'est l'apprentissage à travers les rôles et non les rôles eux-mêmes: non ce que j'ai été dans telle vie, mais ce que j'en ai appris.

Chaque vie est irréductible

Personne ne peut vivre notre vie à notre place ni nous dire comment vivre: l'individu seul peut trouver le sens de sa vie. Ceux qui se disent «maîtres», «gourous» ou «chefs religieux» ne sont utiles que s'ils cessent de se prendre pour tels et acceptent d'être eux-mêmes en apprentissage comme tout le monde. Dire aux gens «Vous ne pouvez vous sauver par vous-même», comme l'enseignent les religions, permet à celles-ci de conserver leurs fidèles et d'attirer dans leur filet les faibles d'esprit. C'est ainsi que les religions et les sectes se maintiennent: elles répandent la peur et exigent une soumission absolue, alors que chacun a ce qu'il faut pour se guider intérieurement puisque c'est le rôle de l'âme, justement.

Le vécu est intransmissible

Même en se racontant dans les moindres détails, comme font certaines autobiographies, le vécu de chacun demeure intransmissible. On ne peut que vivre cette vie et tout ce qu'on en dira n'atteindra jamais ce qui se cache derrière les apparences. L'épaisseur du vécu est irréductible: ce qui se cache est plus important que ce que l'on en dévoile. Contrairement à ce que proclamait la littérature romaine, ce ne sont pas les écrits qui demeurent, c'est le vécu, inaccessible aux paparazzi et aux lecteurs. Les biographies comme les autobiographies — ces exercices nombrilistes — passent à côté de l'essentiel. L'âme est la seule histoire qui demeure.

L'âme est le guide

Personne de l'extérieur ne peut nous guider quant au parcours ou au sens de notre vie. Les experts ont cependant leur place dans les activités extérieures telles que les arts, les savoirs, les métiers, le développement des talents. Mais l'épanouissement intérieur appartient à l'âme, qui est directement branchée sur la source de vie. Toute soumission à un soi-disant guide extérieur empêche d'être autonome et de trouver sa propre voie. Or, chaque voie est propre à l'individu et personne de l'extérieur ne peut la connaître ni la prédire. Les hommes sont prétentieux, ils veulent représenter Dieu ou même le remplacer. Le seul représentant de Dieu se trouve en chacun de nous: c'est l'âme, le lieutenant de Dieu, son témoin en nous.

La croissance ne peut être légiférée

Aucune loi promulguée par un gouvernement ne peut aider ni diriger la vie intérieure d'un humain, car la loi ne touche que les comportements extérieurs et l'obligation de se conformer à ce qui est politiquement correct. Telles sont, notamment, les lois gérant la circulation, l'expression écrite et parlée, le rassemblement, la consommation d'alcool et de drogues ainsi que les actions jugées immorales.

Mais aucune loi ne peut nous rendre meilleurs ou plus vertueux: elle ne peut qu'empêcher les actes nuisibles ou excessifs. Ainsi, la loi de Prohibition des années 20 n'a pu enrayer l'alcoolisme ni l'ivrognerie; rien n'y parviendra, sauf la décision intérieure de chacun. Par conséquent, aucune loi promulguée ne pourrait rendre une personne intérieurement libre ni heureuse; ce sont des valeurs qui surgissent de l'âme.

On n'impose pas la liberté — on ne peut imposer que la soumission.

L'obligation de choisir

Comme on ne peut prévoir l'avenir et qu'on doit cependant agir et s'engager, on est très souvent forcé d'improviser, de prendre des décisions, sans avoir en main les données nécessaires. On est appelé à ne pas attendre l'avenir: il faut foncer. Pas le temps d'espérer qu'un jour ça ira; il faut faire confiance à la vie dès maintenant.

L'influence des actes

Chaque action d'un humain entraîne des conséquences. Tout acte que l'on accomplit peut avoir des répercussions sur celui qui le fait — pendant cette vie et après — ainsi que sur ceux qui l'entourent. On ne peut garder rancune à quelqu'un, qu'il soit vivant ou décédé, sans empêcher cette âme d'évoluer, de même que la sienne.

Semblablement, on ne peut se faire du bien ou du mal, sans en faire simultanément aux autres. Par exemple, en ne s'aimant pas, en se mentant, en n'écoutant pas son âme, on nuit à soi-même et, finalement, aux autres.

La guérison des autres

On ne peut guérir un autre, on ne peut que lui envoyer énergies positives et compassion. Ce sera à lui de s'en servir pour se guérir. C'est le même processus qui est engagé dans l'aide financière ou psychologique: on ne peut aider que celui qui veut s'aider. Se croire bienfaiteur parce qu'on donne de l'argent ou que l'on fait en sorte que l'autre s'attache, c'est l'empêcher de croître et, par le fait même, c'est retarder sa propre croissance. On aide en permettant à l'autre de se prendre en main. Toute aide qui ne favorise pas l'autonomie favorise la dépendance. C'est pourtant une leçon que notre traitement des Amérindiens aurait dû nous apprendre depuis longtemps.

De même, on ne peut imposer la connaissance à ceux qui ne la cherchent pas ou n'y sont pas prêts. C'est commettre alors un acte nuisible. Mieux vaut attendre les questions et, en attendant qu'elles surgissent, se taire.

La croissance du parent

Le parent ne peut aider la croissance de son enfant sans être lui-même en croissance. S'il refuse de croître en s'attachant à son passé, à ses habitudes de pensée et à son confort, il empêchera son enfant de croître, puisque la croissance est communicative tout comme le refus de croître.

Le miroir des autres

Les autres sont nos reflets: on peut beaucoup apprendre sur soi par la façon dont on les critique, les condamne ou les accueille. En fait, nous ne pouvons pas nous connaître ni croître sans les autres, sans les conflits et les résistances dont nous sommes entourés et qui font sortir notre caractère — ses richesses et ses ombres. Cela ne signifie pas pour autant que ce sont les autres qui nous font avancer. Non. Ce sont plutôt nos réactions individuelles aux autres, aux événements et aux épreuves qui nous permettent de croître. Les leçons que nous tirons de ces réactions nous font évoluer.

Les blessures inévitables

Les blessures d'amour sont inévitables et essentielles à la croissance intérieure.

Les difficultés de croissance sont inévitables et saines. «Ce qui ne vous tue pas vous rend plus fort.»

Les frictions entre générations sont inévitables et utiles à la croissance de chacune des générations.

Le respect des autres

Chacun doit laisser l'autre exister et lui témoigner politesse, civisme et respect. Ces attitudes ne peuvent cependant être promulguées par des lois, puisqu'elles ne peuvent venir que de la personne qui se respecte librement elle-même. Il n'est cependant pas requis d'aimer l'autre en lui manifestant affection ou tendresse. Même le commandement judaïque d'«honorer ses parents» n'exige pas qu'on les aime. Et l'autre commandement qui recommande de s'aimer les uns les autres ne peut signifier autre chose que «tolérez-vous et respectez-vous», surtout dans une société comme la nôtre où chacun est devenu voracement égocentrique et obsédé par sa sécurité.

Et pourtant, si chacun de nous ne pratiquait que le civisme, la politesse et le respect, le monde serait bien sûr complètement changé — et nous-mêmes pour commencer.

Note

1. Tiré de Donald Brownlee et Peter D. Ward, *Rare Earth — Why Complex Life Is Uncommon in the Universe*, Copernicus-Springer-Verlag, 2000; tiré également de *L'actualité*, août 2001, p. 28.

CHAPITRE

7

UNE INVITATION À LA DANSE

Et je chantais dans mes chaînes comme la mer.
Dylan Thomas, poète gallois

Danser avec ses chaînes

Vivre, c'est apprendre à danser avec ses chaînes. Nous naissons enchaînés et nous sommes invités à danser. Ou plutôt, nous ne pouvons nous empêcher de vouloir danser, de nous éclater, de nous réaliser, malgré ces chaînes qui ralentissent nos pas. Nous commençons par croire que nous pouvons danser en nous fichant éperdument de cet enchaînement, pour découvrir petit à petit que ce qui apparaissait au début comme un obstacle infranchissable, devient l'instrument qui nous permet d'être libres et de créer. Tout artiste jubile devant les limites des matériaux à sa disposition, car c'est à cause d'eux qu'il va pouvoir exprimer l'exprimable et libérer ce qui se cache à la fois dans la matière et dans son âme. L'obstacle est devenu canal, et la prison, la condition même pour qu'existe la liberté.

Pour savoir danser, il est bon d'avoir appris les pas de la danse, et pour savoir danser dans les chaînes, il est bon de reconnaître où elles se trouvent et en quoi elles consistent. Cela signifie que la liberté humaine est une réalité intérieure, qu'elle ne dépend pas des personnes, des situations ni des événements du dehors.

Ainsi, notre prisonnier du début qui rêve de sortir apprendra, en mûrissant, à connaître la liberté de l'esprit, c'est-à-dire la seule qui soit le propre de l'Homme. (Qu'on se souvienne de Nelson Mandela.) Cette liberté, aucun animal ne peut la connaître, car il perd toute liberté dès que son corps est lié.

L'apprentissage de la liberté

La liberté humaine est un apprentissage, un processus de croissance. La sortie du sein maternel peut faire croire qu'on est déjà libre, mais on ne peut se passer de la mère. Même en faisant ses premiers pas, on revient vers elle. On passe ainsi constamment d'une restriction à un élargissement et d'une ouverture à une fermeture, jusqu'à ce que l'être entier connaisse la liberté qui lui est propre.

On ne peut donc s'empêcher de commencer par une notion fausse de la liberté, croyant que ce sont les choses apparentes — sexe, argent, technologie, pouvoir et religion — qui libèrent. Mais on ne peut non plus s'empêcher de croire que la vraie liberté existe quelque part et qu'on est fait pour la connaître.

Si donc, comme nous l'avons fait, il est nécessaire de considérer sérieusement les illusions de la liberté, c'est que la liberté ne vient qu'une fois que nous sommes sortis de l'illusion. Car elle est une DÉSILLUSION: c'est la reconnaissance de son rêve qui permet d'entrer dans la réalité; c'est la reconnaissance de sa naïveté qui permet d'y voir clair; c'est la reconnaissance de sa dépendance qui permet de devenir autonome et responsable. Il faut en effet passer par les séductions extérieures pour s'apercevoir que ce ne sont que des paravents: la vraie liberté se trouve au-delà.

À chacun sa danse

La danse de chacun est unique et inimitable. Et il n'y a que celle-là qui compte.

Chacun de nous est appelé par la vie à danser avec elle, à inventer les pas à mesure qu'il avance, à s'aimer à travers elle, à communier à la nature qui l'exprime. Nous sommes appelés à découvrir à chaque pas avec quelle patience la vie nous invite à lui faire confiance. Vivre, c'est faire confiance au point que nous puissions investir à fond — intensément et sans regret — l'unique moment qui passe et qui ne revient pas.

S'il faut être prudent avec les humains, il faut, en revanche, faire confiance à la vie qui est plus grande qu'eux. Faire confiance à cette vie en nous qui nous emporte à travers souffrance et joie, qui malgré (en même temps par) ses chaînes réussit, si nous le voulons bien, à nous rendre chaque jour un peu plus souples, plus attentifs — plus libres.

BIBLIOGRAPHIE

Horton, John. *The End of Science*, New York, Broadway Books, 1996.

Horton, John. *The Undiscovered Mind*, New York, The Free Press, 1999.

Johnson, George. *Fire in the Mind*, New York, Vintage Books, 1995.

Roszak, Theodore. *The Cult of Information*, Berkeley, University of California Press, 1986.

Magazines consultés: *The New York Times, Courrier International, Le Nouvel Observateur, L'Express, L'actualité* et *Le Point*.